U0563057

郝爱民 著

农业生产性服务业外溢效应

乡村振兴背景下的思考

Spillover Effects of Agricultural Productive Service in the Context of Rural Revitalization

本书得到河南省高校科技创新人才支持计划（人文社科类：2016－cx－004）、河南省高等学校哲学社会科学创新团队支持计划（2018－CXTD－06）资助。

摘　要

改革开放四十多年来，中国农业取得了巨大的成就。但与发达农业国家相比，中国农业发展存在效率低、专业化和规模化程度低、国际竞争力弱、发展的可持续性差等问题。十九大报告提出，实施乡村振兴战略，加快农村产业融合发展；2018 年中央一号文件进一步强调，产业兴旺是乡村振兴战略的重点。从国外农业发展的经验来看，无论是生产组织单位规模较大的美国农业还是规模相对较小的日本农业，都注重依靠专业化分工形成的各种生产性服务，生产性服务业促进了农业效率的提高，加速了农业现代化的实现。要改变中国农业传统的生产方式，完成小规模农业向现代农业的转变，重在构建一种社会化生产性服务方式，提高农业产业化、市场化、标准化、规模化和机械化水平，作为一种以工促农的产业路径模式，改造传统农业的实践需要从专业化分工、产业链整合、价值链提升多个层面大力发展农业生产性服务业。

目前，中国有关生产性服务业的研究主要是围绕其与制造业的关系展开的，不论是从理论的角度还是从实践的角度，有关农业生产性服务业对农业发展影响的研究文献都相对较少，涉及实证分析的研究文献更少。本书对于从理论和实践的角度探讨农业生产性服务业对农业外溢效应的经济解释，以及对其外溢效应形成机理和外溢渠道的认识具有重要的理论意义，本书借助翔实数据进行了研究，或许对于从实证的角度来研究该问题有一定的帮助，同时对中国发展农业生产性服务业以提升农业生产效率、加快农业现代化的步伐提出了一个解决框架，因此研究结果具有一定的实际应用价值。

本书基本观点如下：①农业生产性服务业是一种以工促农的产业模式，改造传统农业的实践需要大力发展农业生产性服务业，重点是提升其对农业发展的外溢效应；②农业生产性服务业的发展既是社会分工的结果，又能促进农业分工深化和农业产业链整合，提高农业附加值；③现阶段，中国农业生产性服务业外溢效应主要体现在可以加快中国现代农业适度规模经营体系创新、提高农业生产效率、促进农民收入提升、提升农业价值链、促进农业关联产业集聚、加快农村城镇化进程、提升农业科技进步的贡献率等几个方面；④农业技术与产业化发展水平、农业专业化程度、生产性服务业的规模、城镇化水平、农民合作组织发展程度、政策环境水平等是影响农业外溢效应发挥的主要因素；⑤中国农业生产性服务业规模和结构问题并存，提升其对农业的外溢效应需要扩大规模和优化内部结构。

在分析中国农业生产性服务业发展规模及结构特点的基础上，本书总结了影响中国农业生产性服务业发展、制约其外溢效应发挥的具体因素，认为当前制约中国农业生产性服务业外溢效应发挥的因素既有长期重城市轻农村的政策障碍，也有农业生产性服务业内部构成不合理、生产性服务的需求与供应不协调、专业化的服务人才严重缺乏、发展水平较低、主体缺失、市场不规范、服务价格较高等市场因素。

借鉴发达国家农业生产性服务业发展的经验，结合项目组农户微观调查数据，本书研究构建了一个较为系统的农业生产性服务业发展框架，提出扩大农业生产性服务业外溢效应、加快中国农业现代化的可操作性的政策性建议如下：①加大对农业生产性服务的政策支持和财政投入，优化农业生产性服务发展政策环境和基础设施建设；②创新农业生产性服务供给机制，使农民真正从生产性服务中得到利益；③优化农业生产性服务业发展结构，加快推进农业生产性服务供给侧结构性改革；④建设农业生产服务专业人才队伍，提高农业生产性服务从业人员的素质和服务水平；⑤培育多元化生产性服务主体；⑥加强发展农业生产性服务的科技支持，优化农业生产性服务资源配置。

本书的创新之处有三个：其一，搭建了一个从提升农业生产性服务业的外溢效应这一视角展开的较为系统的研究农业问题的框架。尝试从促进农业生产性服务业发展角度，提出加快中国农业现代化进程的新思路。本书运用新经济增长理论，结合分工、交易成本和产业链整合理论、新兴古典超边际分析方法，借鉴 Bretschger（1999）内生增长模型和 Arrow（1962）的干中学思想，通过构建一个数理模型，解析农业生产性服务业和农业的关系，给出了农业生产性服务业发展对农业发展外溢影响的分析视角，这在国内尚不多见。其二，运用分工、交易成本、产业链整合理论，多角度解析农业生产性服务业和农业的关系，全面研究农业生产性服务业外溢效应的形成机制、外溢渠道、效应测算，部分弥补了该领域实证研究不足的缺陷。①通过构建一个面板数据模型，利用中国 2004～2011 年统计数据，从农业效率损失的角度，实证检验了农业生产性服务业对农业生产效率的提高存在较为明显的外溢效应，并从实证结果中得到结论：城镇化加速、农业政策环境改善、农业技术水平提高等因素对农业生产性服务业外溢效应发挥有着积极的作用。②在文献研究的基础上，系统地分析了农业生产性服务业体系影响农业技术进步贡献的机理，并利用 2004～2012 年中国 31 个省份的数据，实证检验了农业生产性服务对农业技术进步、农业增长的影响。③基于 Hansen 门限回归方法，建立模型，利用 2005～2013 年中国 31 个省份的面板数据，实证分析得出，农业生产性服务业发展到一定水平使其发展指标跨过某个门限值时，会对地区城镇化建设起到明显的外溢正效应，并就此提出加快发展中国农业生产性服务业，以促进城镇化建设的政策建议。其三，结合微观调研数据，提出了有针对性的提升中国农业生产性服务业外溢效应的系列对策。对比国外农业生产性服务业发展，深入探讨在转型过程中中国农业生产性服务业内部结构、生产率变迁以及供给现状、需求影响因素，构建了一个制度分析框架，从制度角度分析制约中国农业生产性服务体系外溢效应发挥的主要因素，在总结中国农业生产性服务体系的特点和对农业生产性服务分类研究的基础上，构建了一个基于技术接受模型和计划行为理论的农户农业生产性服务内容及组织形式选择模型，并利用来自全国 4 个省份 1172 份农户的调查数据，使用多值无序响应模型（mlogit 模型）分析了影响农户农业生产性服务业模式选择的因素。从具体实证中观察总结出扩大中国农业生产性服务业外溢效应的路径，有针对性地构建了新时期农业生产性服务体系的运行框架，并对其运行机制进行了分析，提出了新时期农村生产性服务体系的基本运行机制，包括引导激励机制、市场规范机制、合作创新机制、共享分担机制，提出了建设中国农业生产性服务体系、促进其外溢效应发挥的制度安排，使对策更具可行性和针对性。

关键词：农业生产性服务业　外溢效应　溢出机理　外溢渠道

目　录

第一章　导论

第一节　研究背景和意义

一　研究背景

1978年改革开放以来，中国农业取得了巨大成就，农民生活水平有了显著提高。粮食产量更是实现了十二连增。但不可否认的是，与世界发达农业国家相比，中国农业的获利能力、生产效率、专业化和规模化、可持续发展能力严重不足。传统农业"小生产，大市场，总量大、质量低"的矛盾仍然较为突出，现代高效农业所占比重较小，农民收入偏低的实际状况并没有从根本上发生改变。现阶段，在国民经济由高速增长转为中高速增长的经济新常态背景下，如何提升中国农业的竞争力，特别是如何通过改善农业资源配置效率提高中国农业的生产效率和国际竞争力，是调整现代农业产业结构，实现工业化、城镇化、信息化和农业现代化"四化"同步协调发展亟待解决的命题。十九大报告提出，实施乡村振兴战略，加快农村产业融合发展。2018年中央一号文件进一步强调，产业兴旺是乡村振兴战略的重点。

从国外农业发展的经验来看，无论是生产组织规模较大的美国农业，还是规模相对较小的日本农业，都注重依靠专业化分工形成的直接或间接向农业生产过程提供的各种专业化服务，生产性服务业加速了农业发展方式的转变和农业现代化。在中国，由于长期的“重工业，轻农业”思想，人们更多地注重探讨生产性服务业与工业的关系，对生产性服务业在改造传统农业中的重要作用认识不足。实际上，作为为农业的产前、产中和产后环节提供中间服务的农业生产性服务业，是现代农业产业链的重要组成部分，贯穿于农业生产的整个过程，其发展对农业产业链的价值提高、提升农业效率有着重要作用。

二　研究的价值和意义

理论上，基于规范的理论分析农业生产性服务业与农业互动的机理，阐述农业生产性服务业外溢效应的具体表现及作用机理，结合实证检验农业生产性服务业外溢效应的存在性及溢出渠道，可以深化现有的服务经济理论，尤其是加深对农业生产性服务业重要性的认识。

实践上，本书结合调研数据，论述了农业生产性服务业产生外溢效应的条件及微观影响因素，提出了促进外溢效应发挥的农业生产性服务体系发展机制与框架，对如何发挥农业生产性服务业外溢效应，如何利用农业生产性服务提升农业效率、改造传统农业、促进农业现代化，提出了有针对性的对策，从而衍生出了较为丰富的政策含义。

第二节　项目研究的理论基础

一　服务经济学理论

该理论是20世纪80年代后兴起的一个西方经济学分支。美国经济学家维克托·福克斯（1987）在其著作《服务经济学》中较早地系统地以美国为例阐述了服务经济的理论构成，并把研究聚焦于服务业的增长和经济的发展上[1]。加拿大经济学家格鲁伯和沃克在1993年出版的著作《服务业的增长：原因与影响》中，则较为系统地研究了服务业生产率变迁、就业及服务贸易等问题，并着重研究生产性服务对经济的促进作用，对系统研究服务经济尤其是生产性服务业奠定了重要的理论基础[2]。进入21世纪以来，有关服务经济的研究日益系统化，瑞典经济学家詹森2006年完成的《服务经济学：发展与政策》系统地阐述了服务经济学的微观基础，指出服务经济学包括服务经济成因、服务结构、服务成本等，从而形成了较为系统的服务经济理论[3]。

本书以服务经济学理论作为分析农业生产性服务业的理论基础，依次对农业生产性服务业发展形成机制、外溢效用和结构优化做出了具体的分析。

二　分工与产业链整合理论

（一）分工理论

服务业的发展源于分工。最早提出分工理论的是斯密，斯密认为分工来自交易，而交易的扩大又会促进分工的发展，分工可以带来劳动者技能提高，节约劳动时间，还可以促进机器的发明与使用[4]。阿林·杨格（1996）拓展了斯密的分工理论，他认为劳动分工和专业化会带来迂回生产方法，这具有明显的规模效应，规模效应的扩大会降低生产成本，生产成本下降会带来家庭购买力提高，进而扩大市场规模，这会使分工进一步深化[5]。杨小凯和赖斯（1994）则运用新兴古典经济学的原理建了一个分工内生演进模型，从内生角度阐述分工的深化能带来经济效率的提高，更进一步地，他们还论证了过度分工会导致交易费用增加，进而导致增长率下降[6]。

（二）产业链、价值链整合理论

产业链的概念起源于17世纪中后期的古典主流经济学家对劳动分工、专业化与经济发展的分析。现有研究认为产业链的形成有利于产业内形成链条式合作经济关系，产业链整合有利于产生产业协同效应，完整、层次性强的产业链对产业向高附加值发展有着积极的推动作用。价值链（value chain）概念则最早由迈克尔·波特（Porter，1985）在分析公司行为和竞争优势时提出并运用。他认为不仅企业内部有链条，任何企业单位都和其他的经济单位有着相连的价值链条。公司的价值创造既包括生产、营销、运输和售后服务等基本活动，也包括原材料供应、技术、人力资源和财务等支持性活动，从而形成一条价值链[7]。

利用分工与产业链、价值链整合理论，本书从发挥农业产业链利益主体协同效应、降低交易成本角度出发，构建数理模型，阐述农业生产性服务业协调分工和减少交易成本的机制，以及农业生产性服务业对解决中国农户生产小规模与经营大市场矛盾、形成对农民增收的外溢效应的作用机制。

三　农业经济理论与农户模型

（一）农业经济理论

现代农业经济理论基础源于新古典经济学，20世纪50年代以后，资源经济学、农业政策学、农产品贸易经济等学科出现，构成农业经济学的基本内容。美国有学者将农业经济学划分为农场管理学和农业经济学。农场管理学解决个别农场内部组织和管理问题，农业经济学解决农业公共关系问题。在中国，农业经济学很少涉及生产力的研究，更多的是生产关系及制度研究。中国当前农业经济学的基础理论既以西方主流农业经济学为基础，也结合了马克思主义政治经济学，研究的重点在于解决农村现实问题，明确怎样正确对待农民，强调为党制定政策提供理论依据。

（二）农户模型

国外有关农户行为的研究较多地使用各种微观农户模型，通过各种微观模型来研究经济主体选择行为，已成为农业经济学研究农户行为的主流方法。农户模型的产生和发展是农业经济理论探索的重要成果，它为分析中国农户经营行为提供了强有力的工具。

本书对生产性服务业与农业的关系、生产性服务业对农户本身利益的影响以及农户生产性服务业选择的影响因素进行实证研究，主要基于农业经济理论及新发展起来的农户模型。

第三节　相关概念的界定

一　农业生产性服务业

农业生产性服务业尚未有权威的定义，结合农业的具体特点，参考现有的文献，本书将农业生产性服务业定义为服务于农业的产前、产中、产后环节，为农业生产企业和其他农业经济组织提供中间环节服务，包括为农产品服务（主要包括农产品质量服务、农产品营销服务、农技推广服务等）、为农业生产要素服务（包括农机作业服务、农业金融保险服务与农村劳动培训服务）和其他农业专业服务（农业信息服务、订单服务等）的产业。以中间投入品为主、涉及知识和资本的交换、提供定制化的服务是农业生产性服务业的主要特征。

二　外溢效应

外溢又叫溢出（Spillover），最初用在气象环保中来反映某一区域大气及水污染可能给其他区域带来的影响。在经济学中，外溢效应表现为外部性，指一个经济主体（生产者或消费者）的活动对第三者的福利产生了一种有利影响或不利影响，这种有利影响带来的正外溢利益或不利影响带来的负外溢损失，都不是该经济主体所获得或承担的部分。在分析行业外溢时，它特指某行业发展带来的社会效益大于或小于部门效益的部分。外溢效应有正有负，本书分析的农业生产性服务业的外溢主要指正溢出，特指农业生产性服务业的发展可能给农业带来的效率提升、给农民带来的收入提高、给城镇化带来的助推作用等效应。

第四节　研究方法与数据来源

一　研究方法

本书综合服务经济学、产业经济学、农业经济理论、计量经济学、发展经济学、制度经济学等学科，在文献研究的基础上，采用理论规范分析与数据实证研究相结合的方法，主要采用以下研究方法（见图1－1）。

（一）服务经济学、农业经济学结合新兴古典经济学等理论，多学科理论交叉综合运用

综合运用服务经济学、新兴古典经济学、农业经济学、发展经济学等理论，分析农业生产性服务业和农业的关系，从分工、交易成本、产业链整合理论多角度解析农业生产性服务业，全面研究农业生产性服务业外溢效应的形成机制、外溢渠道，进行效应测算。

（二）定性分析和定量分析相结合，多种计量方法、多层面检验测算农业生产性服务业外溢效应

国内关于农业生产性服务业的研究成果中，定性的多，定量的少。本书力图克服这一缺陷，将农业生产性服务业视为一个整体系统，注重分析各个组成部分的互动关系和结构优化，将规范与实证相结合，定量

测算农业生产性服务体系对农业的影响，运用计量经济学和统计学提供的方法实证分析农业生产性服务业对农业的外溢效应。多种计量方法（面板数据、门槛效应、DEA、SFA）、多层面检验测算农业生产性服务业外溢效应的存在性、大小和外溢渠道，并在定量的基础上对中国农业生产性服务业优化进行定性的分析。

（三）实地调查和文献研究相结合的方法

本书通过实地调研，从已有研究文献中发掘理论前沿，梳理研究路线，在理论分析和对农业生产性服务分类研究的基础上，构建了一个基于技术接受模型和计划行为理论的农户农业生产性服务内容及组织形式选择模型，并利用全国4个省份1172份农户的调查数据，采用多值无序响应模型（mlogit模型）对农民农业生产性服务选择进行实证研究。分析了影响农户农业生产性服务模式选择的因素。

（四）历史检验和横向对比相结合方法

本书既分析中国农业生产性服务业的现状特征和演变规律，又总结发达国家经验；对比国外生产性服务业结构，深入探讨在转型过程中中国农业生产性服务业供给现状、需求影响因素，从具体实践中观察总结出扩大中国农业生产性服务业外溢效应的路径，使对策更具可行性和针对性。

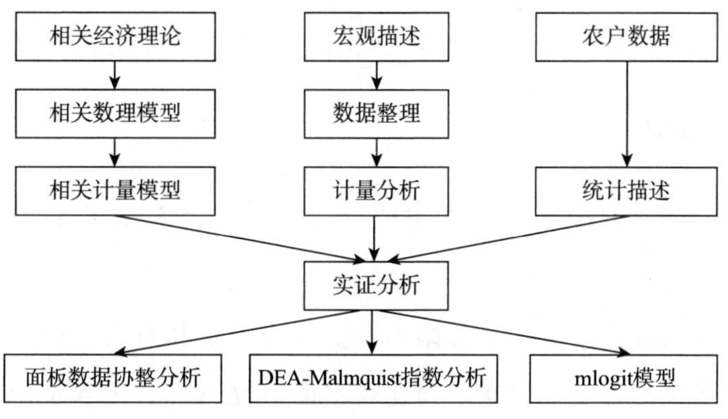

图1-1　本书研究技术路线

二 数据来源

本书研究数据来源如下。

第一，《中国统计年鉴》《中国农村统计年鉴》《中国农村住户调查年鉴》等统计年鉴。

第二，由中国农科院农经所及项目组实地调研所得的住户问卷调查数据资料，主要包括辽宁、山东、江苏、河南等地区的综合资料。

第五节 研究目标、内容及框架

一 研究目标

本书的总目标是在文献研究的基础上，基于规范的理论分析农业生产性服务业与农业互动的机理，建立农业生产性服务业外溢效应的形成及作用机理的数理模型，利用相关数据实证检验农业生产性服务业外溢效应的存在性及外溢渠道和方向，进而考察国外农业生产性服务业发展的经验及对中国的借鉴意义。研究国内发展的现状，结合农户微观调查数据，构建基于促进外溢效应发挥的农业生产性服务业发展框架，提出扩大农业生产性服务业外溢效应的具有可操作性的政策性建议。

二 研究内容

基于上述研究目标，本书主要分为九章，各章节的主要研究内容如下。

第一章为导论。首先，介绍本书的研究背景和意义、研究的理论基础、相关概念的界定；其次，简述本书的研究目标、内容框架、研究方法和数据的来源；最后，阐述了本书可能的创新之处。

第二章为相关研究文献综述。本章首先介绍服务经济研究的起源及国内外研究的现状；其次，对20世纪90年代以来，作为服务业研究热点的生产性服务业的国内外研究的主要内容、范式和发展趋势进行了梳理；最后，较为系统地论述了农业生产性服务的研究现状及存在的不足，明确指出现有研究者就农业生产性服务业发展提出了很多有价值的观点，但对于农业生产性服务业对农业发展的影响机理，以及外溢机制研究较少，并没有对其做更进一步的分析，同时，在农业生产性服务业的影响方面也缺乏相应的系统深入的实证研究，较为系统地研究中国农业生产性服务业发展的框架也未真正建立，这正是本书努力的方向。

第三章为农业生产性服务业外溢效应的理论分析。本章首先将农业生产性服务看作具有管理和协调功能的中间投入，通过构建一个数理模型，分析农业生产与农业生产性服务的互动作用机制。其次，运用新经济增长理论，借鉴 Bretschger（1999）的内生增长模型和 Arrow（1962）的干中学思想，建立了一个农业生产性服务业的外溢模型，试图做出一个农业生产性服务业外溢的经济学解释。最后，结合分工、交易成本、产业链整合理论和新兴古典超边际分析方法，建立推导出农业生产性服务业外溢形成机制的基本模型，分析农业生产性服务业体系对农业的外溢效应及外溢渠道。

第四章为农业生产性服务业外溢效应理论验证。本章分为三个部分，①基于第三章新兴古典经济框架，通过构建一个面板数据模型，利用中国2004~2011年统计数据验证了上述观点，从影响农业效率的角度，分析农业生产性服务业的发展对农业生产效率的提高是否存在外溢效应，并从实证结果中得到结论：城镇化水平、农业政策环境、农业技术水平等因素正向影响农业生产性服务业对农业的外溢效应。最后，从加快农业生产性服务业规模化和集聚化、加快推进新型城镇化、加大农业科技投入和推广以及完善农业政策环境等方面提出了相应的政策建议。②论述了新形势下农业技术进步面临的挑战，在梳理相关文献的基础上，对农业生产性服务业体系影响农业技术进步贡献的机理进行了分析，并利用2004～2012年中国31个省份的数据，通过面板模型实证分析了农业生产性服务对农业技术进步、农业增长的影响，结果表明中国农业生产性服务对农业技术进步、农业增长具有较为明显的促进作用，与国外不同，现阶段其对农业技术进步贡献率的影响是以直接影响为主。最后提出有效地整合农业生产性服务的各类主体、各种资源和各个要素以促进农业生产性服务业发展，扩大农业技术进步对农业增长贡献的政策建议和路径选择。③本书认为农业生产性服务业的发展对中国城镇化有积极的影响，且存在显著的门槛效应。基于Hansen提出的门限回归法，建立门限回归模型，并将2005～2013年中国31个省份的农业生产性服务业发展指标的面板数据作为门限变量值，实证表明，当农业生产性服务业发展到一定水平使其发展指标跨过某个门限值时，地区城镇化率增速显著提高，本书就此提出创新发展中国农业生产性服务业，以促进城镇化建设的政策建议。

第五章为中国农业生产性服务业内部结构及生产率变迁研究。本章分为两节，第一节分析了农业生产性服务业结构优化对农业发展的影响机制，并对中国农业生产性服务业内部结构的演变特征及不合理的现状进行了详细的分析，最终从政策、市场、金融、物流、信息等角度提出了优化中国农业生产性服务业内部结构的措施。第二节，利用DEA模型的Malmquist指数分析方法估算了中国2004～2014年农业生产性服务业全要素生产率（TFP）的动态变化。研究得出如下结论：第一，由于农业技术进步的推动作用，中国农业生产性服务业TFP获得了较快的增长，研究结果表明农业生产性服务业发展的过程中规模效率增长明显，粗放型增长是考察期农业生产性服务业发展的明显特点；第二，中国农业生产性服务业TFP存在较为明显的区域差异，东部地区增长较快，中部地区增长稳健，但西部地区 TFP 则呈现低速增长。综合看来，中国农业生产性服务业效率处于较低水平，还有很大的改善空间。

第六章为农业生产性服务业发展的国际比较及借鉴。国外发达农业国家发展经验表明，农业生产性服务业的发展壮大是实现农业现代化的重要条件。本章详细地分析了美国、日本、巴西及荷兰等国农业生产性服务业发展历史和现状，总结了国外农业生产性服务发展的经验，得出了建设中国农业生产性服务体系的有益启示。

第七章为扩大农业生产性服务业外溢效应的微观分析。本章在对农业生产性服务分类研究的基础上，构建了一个基于技术接受模型和计划行为理论的农户农业生产性服务内容及组织形式选择模型，并利用全国 4 个省份 1172 份农户的调查数据，选择使用多值无序响应模型（mlogit 模型）分析影响农户农业生产性服务业模式选择的因素。研究表明农户对不同的农业生产性服务的内容及组织形式需求差异明显，农户户主特征和家庭因素、外部自然环境特征、易用感知和有用感知均对其农业生产性服务选择有显著影响，最后针对农户需求特征，提出了扩大农业生产性服务业外溢效应、加快农业现代化的系列对策。

第八章为提升农业生产性服务体系外溢效应的框架构建与发展机制研究。本章首先构建了一个制度分析框架，从制度角度分析制约中国农业生产性服务体系发展的主要因素，在总结中国农业生产性服务体系特点的基础上，针对如何构建新时期农业生产性服务体系的运行框架进行了制度分析，并对其运行机制进行了研究，提出了新时期农村生产性服务体系的基本运行机制，包括引导激励机制、市场规范机制、合作创新机制、共享分担机制，并据此提出建设中国农业生产性服务体系的制度安排。

第九章为结论及进一步研究的展望。本章是对前八章研究的总结和展望，首先总结了农业生产性服务业外溢效应的具体体现，包括可以加快创新中国现代农业经营体系、提高农民收入、整合农业产业链提升农业比较收益、促进农业产业集群扩张、加快农村城镇化和提升农业科技进步的贡献率等几个方面。在此基础上，着重总结了中国农业生产性服务业发展目前存在总量规模小、组织化服务水平低、内部构成不合理、从业人员素质低等问题。其次，在分析存在的一系列问题的基础上，从优化政策环境、完善基础设施、鼓励组织和经营模式创新、优化发展结构、提高从业人员专业素质等方面，有针对性地提出了提升中国农业生产性服务业外溢效应的较为系统的系列政策建议。最后，针对本书的不足，提出了进一步研究的展望。

三　研究思路与框架

本书研究思路为：系统构造农业生产性服务业对农业外溢效应的经济解释完整框架→模型实证研究→中国农业生产性服务业发展现状及国际比较分析→微观调研→构建解决问题的框架机制→提出对策建议→结论及展望。综上所述，本书的基本研究思路见图 1 – 2。

第六节　研究可能的创新之处

本书的创新之处可能有以下几点。

一　独特的研究范畴和研究视角

本书从如何提升农业生产性服务业的外溢效应这一视角展开研究，搭建了一个系统分析的框架，尝试从促进农业生产性服务业发展角度提出加快中国农业现代化进程的对策，给出了加快发挥农业生产性服务业外溢效应、提升农业效率、改造传统农业的一个“三农”问题解决思路，这在国内尚不多见。

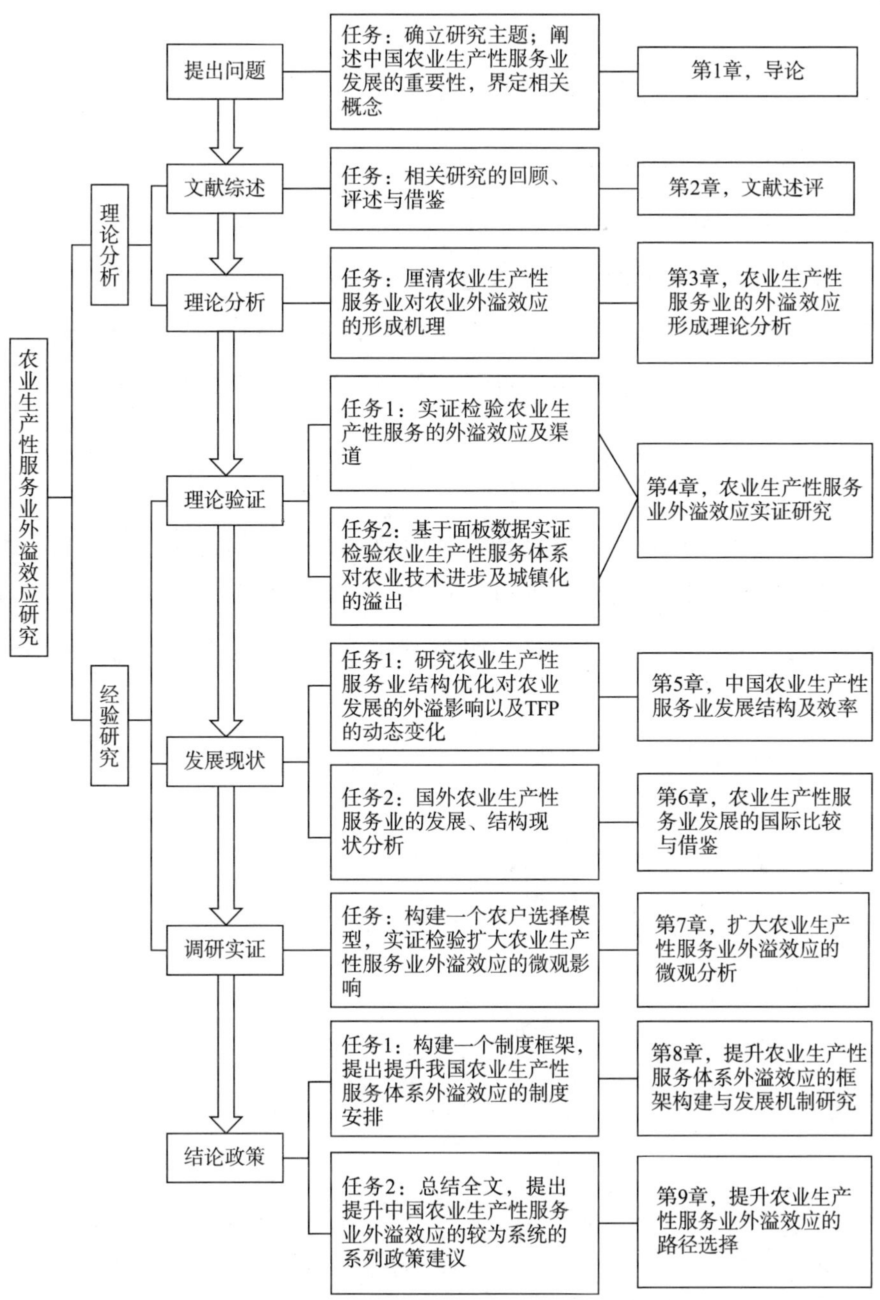

农业生产性服务业外溢效应研究
理论分析
经验研究
提出问题
文献综述
理论分析
理论验证
发展现状
调研实证
结论政策
任务：确立研究主题；阐述中国农业生产性服务业发展的重要性，界定相关概念
任务：相关研究的回顾、评述与借鉴
任务：厘清农业生产性服务业对农业外溢效应的形成机理
任务1：实证检验农业生产性服务的外溢效应及渠道
任务2：基于面板数据实证检验农业生产性服务体系对农业技术进步及城镇化的溢出
任务1：研究农业生产性服务业结构优化对农业发展的外溢影响以及TFP的动态变化
任务2：国外农业生产性服务业的发展、结构现状分析
任务：构建一个农户选择模型，实证检验扩大农业生产性服务业外溢效应的微观影响
任务1：构建一个制度框架，提出提升我国农业生产性服务体系外溢效应的制度安排
任务2：总结全文，提出提升中国农业生产性服务业外溢效应的较为系统的系列政策建议
第1章，导论
第2章，文献述评
第3章，农业生产性服务业的外溢效应形成理论分析
第4章，农业生产性服务业外溢效应实证研究
第5章，中国农业生产性服务业发展结构及效率
第6章，农业生产性服务业发展的国际比较与借鉴
第7章，扩大农业生产性服务业外溢效应的微观分析
第8章，提升农业生产性服务体系外溢效应的框架构建与发展机制研究
第9章，提升农业生产性服务业外溢效应的路径选择

图 1-2　本书研究框架

二　研究内容创新

首先，运用新经济增长理论，结合分工、交易成本、产业链整合理论和新兴古典超边际分析方法，借鉴 Bretschger（1999）的内生增长模型和 Arrow（1962）的干中学思想，通过构建一个数理模型，解析农业生产性服务业和农业的关系，深化现有的服务经济理论。其次，借助翔实的数据，实证研究了中国农业生产性服务业外溢效应、外溢渠道和内部结构及生产率变迁，部分弥补了该领域实证研究不足的缺陷。

三　应用对策创新

对比国外生产性服务业结构，利用微观调查数据，深入探讨在转型过程中中国农业生产性服务业供给现状、需求影响因素，从具体实证观察中总结出扩大中国农业生产性服务业外溢效应的路径，使对策更具可行性和针对性。

第二章　相关研究综述

本章首先介绍了服务经济研究的起源及国内外研究的现状；其次，在此基础上，对20世纪90年代以来日益发展的生产性服务业的国内外研究的主要内容、范式和发展趋势进行了梳理；最后，较为系统地论述了农业生产性服务研究现状、可借鉴之处，明确指出现有研究者对于农业生产性服务业对农业发展的影响机理，以及外溢机制研究较少，并没有对其做更进一步的分析，同时，在农业生产性服务业的影响方面也缺乏相应的系统深入的实证研究，较为现代的农业生产性服务业研究体系也未真正建立，这正是本书努力的方向。

第一节　服务经济发展研究综述

20世纪60年代以来，世界各国经济结构呈现服务化趋势。特别是进入20世纪80年代以后，发达国家经济服务化的特征越发明显，服务业在一国产值中所占的比重逐渐上升。进入21世纪以来，主要发达国家如美国、日本等，服务业增加值占国内生产总值比重达到70%以上，服务业，尤其是一些新兴现代服务业的发展水平已成为衡量一国综合竞争力的重要指标，它代表着经济发展的战略方向和总体趋势，促使学术界愈加重视对服务经济学的研究。

一　服务经济的兴起

人们对服务经济的认识经历了一个漫长过程，最初，亚当·斯密（1776）把服务看作非生产性劳动，认为服务无助于交易量的增加[4]。萨伊（1803）认为生产不仅创造物质，而且创造效用，与斯密不同，萨伊认为服务是一种无形产品，它属于生产性劳动[8]。穆勒（1848）也认同萨伊的观点，认为服务是劳动产生的一种效用[9]。巴斯夏（1850）认为，人们彼此提供服务也可归纳为劳动，它是资本，是物[10]。整体而言，这个阶段对服务的认识尚处于初级阶段。

进入20世纪60年代以来，福克斯（1968）最早对二战后美国的服务业就业人数、生产率以及其对国民经济的影响进行了研究，他认为服务经济包括生产性服务业、生活性服务业和公共服务[1]，这可以说是服务经济研究的新起点。希尔（1977）则强调服务生产与服务产品的区别，认为服务生产和消费同时进行[11]。Riddle（1986）认为服务不仅是无形产品，还包括有形的内容[12]。伊特韦尔等（1997）认为服务产权的明确界定是服务商品化、市场化的前提[13]。詹森（2006）则系统地论述了服务经济学的定位，他进一步阐述了服务经济学的微观基础、服务经济发展的驱动力、服务经济的公共政策等内容[3]。此外，马克思认为服务是指非生产性劳动所提供的特殊使用价值，马克思肯定了服务可以投入市场进行交换的观点[14]。

二　国外服务经济研究的现状

（一）服务效率问题研究

20世纪六七十年代以来，服务经济研究最初是围绕服务业劳动生产率展开的，福克斯指出服务业的特点决定了它具有高增长和低效率的特点[1]；Baumol（1967）最早对此进行实证研究，研究表明服务业由于存在成本病，相对于制造业生产率明显偏低[15]；Bosworth 和 Triplett（2006等）研究认为进入 21 世纪以来，由于信息技术的大量应用，新技术的发展使服务业的成本大幅下降，服务业成本病已不再明显[16]。

（二）服务产业的分类和测算问题

福克斯明确提出服务经济学的概念，但学界关于服务分类标准的认识并不统一。Bryson 和 Daniel（2007）认为，对于服务不同研究者有着不同的分类标准，不应过多拘泥于标准的探讨[17]；Browning 和 Singleman（1975）认为，服务就其功能而言可分为四种类型，既包括社会化服务、个人化服务，又包括流通组织服务和生产者中间服务[18]；格鲁伯和沃克（1993）则把现代生产中的所有服务分为生产者服务、消费者服务和政府类服务三种[2]；Katouzian（1970）依据服务业发展特点把服务业分为补充性服务、传统服务以及新兴服务[19]；Sandra Vandermerwe（1988）认为服务业的分类应依据商品的相关性、消费者与制造商的交往程度[20]。

（三）服务产业化及与宏观经济增长的关系研究

库兹涅茨（1982）研究认为经济的增长一定伴随着经济结构的调整，尤其是服务业的崛起，一个经济体工业化一定伴随着“工业服务化”的过程[21]；艾伦·费希尔（1935）认为从经济结构演变的规律来看，人类生产活动的初级生产阶段是以第一产业——农业和畜牧业为主，第二个发展阶段是以第二产业——工业为主，第三个发展阶段是以第三产业——服务业为主[22]。

（四）服务创新的理论与实证问题

Levitt（1976）最早提出了服务通过组织创新的“工业化”“劳动分工的深化”“系统化”，从而形成一种更具持续性的创新模式[23]；Barras（1986）通过逆向产品周期模型，认为服务创新主要会受信息革命的影响[24]；Den Hertog（2000）认为服务创新是一个系统工程，应关注以生产为主的多个层面[25]；进入 21 世纪之后 ，Metcalfe 和 Miles（2000）从创新网络的构建和创新系统的整合角度分析服务创新的方法[26]；Tether（2005）认为服务业创新不同于制造业创新，他以欧洲创新景气度调查为依据，认为服务企业的流程创新、产品创新和组织创新是混合在一起的[27]。

（五）服务经济的管制、竞争、公共政策等内容

Nicoletti 和 Scarpetta（2003）对 OECD 国家各行业管制情况的研究表明，除在进入壁垒和贸易方面会有所管制之外，制造业较为自由，而服务业受管制领域较多，生产性服务业受到的管制更多，部分本来可以是充分竞争的消费性服务业也有部分的管制[28]；Hill（1999）认为由于服务无形性、难以检验和评估的特点，加强管制才能使服务经济执行效率提升[29]；Clague 等（1999）认为服务业是典型的契约密集型产业，所以契约制度环境对服务业发展影响巨大[30]；Poschke（2010）的研究表明管制增加了服务业的进入成本，削弱了服务业市场竞争力[31]；Lafrance 和 Gu（2008）则以 1977～2003 年加拿大和美国的交通、电信和金融业等服务业的对比研究表明，放松监管后服务行业生产率增长更快[32]。

三　国内服务经济研究概述

（一）有关服务经济概念的研究

国内也有一些学者对服务和服务经济提出了自己的看法。白仲尧（1990）认为服务经济就是围绕物质资料生产、流通和消费所形成的服务活动[33]；高涤陈、白景明（1990）认为为产品生产和消费提供服务的系列经济活动就是服务经济[34]；黄维兵（2003）、袁春晓（2003）则从价值角度给出了服务经济的定义，认为服务经济就是一个主体使另一个主体以活动形式增加价值和使用价值[35~36]；黄少军（2000）认为服

务的“无形产品”特性导致其概念模糊[37]。

（二）服务业核算

岳希明、张曙光（2002）较早认为服务业增加值存在较为严重的低估，中国服务业统计调查尚待完善[38]；许宪春（2004）对中国服务业的范围和服务业生产核算分类进行了系统的研究，并提出了相应的建议[39]；郑学工、董森（2012）则以不变价增加值核算为基础，对比了先进国家的实践，分析了不同计算方法的优劣，提出了改进中国服务业核算的建议[40]；张旭建（2014）从统计口径角度，研究了服务业统计与服务业核算存在的问题，并提出了对策[41]。

（三）服务业与经济增长研究

江小涓和李辉（2004）、江小涓（2011）分别考察了中国服务业的发展情况与内部结构，研究了中国收入水平、消费结构、城市化与服务业发展的关系，并指出了中国服务业发展的趋势[42~43]；李勇坚（2005）在对经济发展与服务业相关性机理分析的基础上，利用中国的数据实证表明，服务业占GDP的比重在不断上升，对经济增长的贡献也日益明显[44]；郑吉昌和夏晴（2004）的研究表明，服务业与经济发展存在明显的较为复杂的互动关系[45]；白仲尧和依绍华（2004）、程大中（2004）、华而诚（2001）分别从不同层面研究了服务业对经济增长的推动力、协调力、劳动吸纳力，以及服务业在国民经济中的黏合剂作用和战略性地位[46~48]。

（四）服务业效率的研究

庞瑞芝和邓忠奇（2014）利用方向距离函数，运用1998~2012年中国省际面板数据对服务业和工业的生产率及其增长情况进行测算，结果表明，近年来服务业TFP增长有赶超工业的趋势，鲍莫尔-福克斯假说在现阶段的中国并不成立[49]；殷凤和张云翼（2014）通过对中国服务业与制造业技术效率测度的生产率对比研究表明，目前，中国服务业效率较低[50]；蒋萍和谷彬（2011）研究了中国服务业TFP增长率分解与效率演进，认为技术进步对服务业效率的贡献逐渐提高[51]。

（五）服务业对外开放研究

夏京文和刘彩兰（2011）利用广东省相关数据进行研究，结果表明服务业对外开放度越高，产业结构相对也越合理[52]；顾乃华（2010）基于省际面板数据实证检验中国对外开放门槛与服务业的外溢效应[53]；杨长湧（2015）、王海峰（2014）则较为系统地研究了中国扩大服务业对外开放的范畴、目标和思路[54~55]；张志明（2014）研究认为对外开放促进了中国服务业市场化改革[56]；汪德华、张再金和白重恩（2007）研究了政府规模、法治水平对服务业开放的影响[57]；姜长云和邱灵（2014）较为系统地提出了扩大和深化中国服务业对外开放的新思路[58]。

第二节　国内外生产性服务业研究概述

20世纪60年代，研究服务业及其分类的美国经济学家H－Greenfield第一次提出了“生产性服务业”这个词语，进入20世纪80年代以来，服务业研究热点迅速向生产性服务业转移。

一　国外生产性服务业研究的现状

国外关于生产性服务业的研究主要从以下几个方面展开。

（一）生产性服务业的概念

Machlup（1962）较早提出生产性服务业就是那些向生产者提供服务产品、生产知识的行业[59]；Greenfield（1996）认为生产性服务业应该包括法律、商务、经纪、金融、保险等知识密集型行业[60]；Browning

和 Singelman（1975）认为为厂商提供服务的行业，如银行、保险、金融、广告、会计、法律和研发等均为生产性服务业[61]；Howells Green（1986）认为生产性服务就是包含研发、广告、市场调研、商品存销、设备安装与维护等与实物商品使用相关的服务生产的活动[62]。

（二）生产性服务业对经济增长与就业的贡献（包括对城市与区域发展的作用）研究

Herbert G. Grubel 和 Michael A. Walker（1986）认为生产性服务业是服务业最大和增长最快的部分，他们的研究表明，生产性服务业作为人力与知识资本助推器，可以提高企业生产率，尤其对产品比较优势的形成意义重大[63]；Ciaran Driver 等（1987）以英国数据研究表明，从就业角度而言，生产性服务就业和国民生产总值增长之间存在较为明显的正向关联[64]；Glasmeier 等（1995）、James W. Harrington（1998）通过美国的数据研究证实，生产性服务业对就业增长影响显著[65-66]。

（三）生产性服务业与其他产业的互动关系研究

赫伯特·G. 格鲁柏（1989）研究认为生产性服务业是经济组织或新产品比较优势的重要来源[2]；Blinder（2006）认为新兴产业的演化发展，离不开生产性服务业，生产性服务业是新兴产业发展的先决条件[67]；Park 和 Kim（2003）认为生产性服务体系可以有效地促进地区新兴产业发展[68]；Ellisonetal（2010）、Danneels（2002）的研究也表明一个国家或地区的新兴产业的发展潜力，与该国或地区的生产性服务业的发达程度是密切相关的[69~70]；McGahan（2004）认为具有高新科技特征的新兴产业，与生产性服务业的融合日趋深化[71]。

（四）生产性服务外包问题研究

Amiti 和 Wei（2005）以美国为例，构建了一个模型，研究认为生产性服务外包的形成可能由于专业化分工带来的成本降低[72]；Daniels（1985）则较为系统地分析了分工与交易成本对生产性服务外包的促进作用[73]；Goe（1990）的研究表明，在规模效应的作用下，外部交易成本低于内部组织成本，促进了生产性服务外包[74]。

（五）生产性服务业集聚研究

Lentnek（1992）的研究表明，生产性服务业的高人才集聚、高附加值服务等特征，导致其比制造业有更明显的集聚效应[75]；Moyart（2005）认为由于生产性服务业需要接近客户，所以其主要分布在大城市或都市圈[76]；Marshall、Damesick 和 Wood（1987）指出，生产性服务业知识密集是导致其集聚发展的重要因素之一[77]。

二 国内生产性服务业研究的现状

国内学者有关生产性服务业的研究主要从以下几个方面展开。

（一）生产性服务业形成机理研究

顾乃华（2005）利用新贸易理论构建了一个模型，认为生产性服务业可以创造出内生比较优势[78]；郑吉昌（2005）认为现代生产性服务业的产生源于分工的深化，并推动这一过程，它的形成是由于它是现代经济增长的“黏合剂”，可以提高经济的竞争力[79]；樊文静（2013）从需求角度论述了中国生产性服务业的形成机理[80]。

（二）生产性服务业与制造业关系研究

陈宪、黄建锋（2004）采用回归分析证明生产性服务业可以提高制造业生产效率[81]；吕政等（2006）就生产性服务业与制造业的关系进行了研究，并提出对策建议[82]；顾乃华（2010）利用城市面板数据和 SFA 模型分析了生产性服务业对工业获利能力的影响和影响渠道[83]；高觉民、李晓慧（2011）则构建一个数理模型，分析生产性服务业与制造业的互动机理[84]；陈建军、陈菁菁（2011）以浙江省 69 个城市的数据研究了生产性服务业与制造业的协同定位[85]；刘志彪（2006）研究了发展现代生产性服务业与调整优化制造业结构的关系[86]；江静、刘志彪、于明超（2007）利用面板数据实证分析指出生产者服务业有利于制造业效率提升。

（三）生产性服务业集聚研究

陈建军、陈国亮、黄洁（2009）从新经济地理学角度，利用中国222个城市的经验数据，分析生产性服务业集聚及其影响因素[87]；盛龙、陆根尧（2013）则从行业和地区层面，分析中国生产性服务业集聚及其影响因素[88]；邱灵、方创琳（2012）则研究了城市发展与生产性服务业空间集聚的互动影响机制[89]；韩峰、王琢卓、阳立高（2014）研究了生产性服务业集聚的空间技术外溢效应及其对经济增长的影响[90]。

（四）生产性服务业结构优化、分类及效率研究

程大中（2008）通过对比中国和OECD经济体的生产性服务业发展，认为中国无论是在整体水平上还是在结构上均与OECD经济体存在较大的差距[91]；胡晓鹏（2008）研究指出中国生产性服务业分类标准还不统一，有待进一步明确[92]；顾乃华、李江帆（2006）较早地实证分析了中国服务业分地区技术效率的差距[93]；肖文、樊文静（2011）从产业关联角度，对中国生产性服务业需求规模和需求结构进行了探讨[94]；黄莉芳、黄良文、洪琳琳（2011）采用随机前沿方法，分析了影响生产性服务业效率的因素[95]；席强敏、陈曦、李国平（2015）从促进工业效率提升角度，系统论述了生产性服务业的模式选择[96]。

第三节　国内外农业生产性服务业发展研究概述

一　国外农业生产性服务业的研究

总体而言，国外早期对生产性服务业的研究主要是围绕其与制造业

的关系展开的。进入20世纪90年代以来，对生产性服务业与农业关系的研究有所增加，主要集中在以下几个方面。

（一）关于农业生产性服务业产生原因及其对农业作用机理的研究

Alesina（1994）、Stan - backetal（1994）用分工理论解释生产中“服务”内容的不断增加，伴随这一过程农业和工业中的一些内部的服务功能会分离出去并由专业化的服务组织来完成[97~98]；Masakatsu Akino、Yujiro Haya（1975）研究认为技术等服务要素是现代农业发展的重要推动力量[99]；Coffey（1992）等认为生产性服务业作为中介，与农业存在紧密的前后向联系，并且形成了高度融合的投入产出体系——“公司活动联合体”，这极大地提升了农业发展的效率[100]。

（二）关于农业生产性服务业直接及间接作用的研究

Kenneth A. Reiner（1998）的研究表明生产性服务业可以提高地区农产品产出效率[101]；Postner H. Harry（1997）对加拿大的研究结果表明，农业生产性服务业是引起农业持续增长的关键因素[102]；Alston（2011）则认为农业生产性服务业对农业分工、规模化有明显的促进作用[103]；John Mdlor（2010）基于价值链整合论述生产性服务业可以促进技术进步，从而成为传统农业转变为现代农业的关键[104]；W. Richard和Goe（2002）、Glasmeier（1994）均认为生产性服务业的发展可以提高该地区的产业竞争力，尤其是农业[105~106]。

（三）关于农业生产性服务业分行业发展及选择研究

Akino（1975）、Lindner和Gibbs（1990）、Ajzen（1991）、Martin E. Adams等（2011）分别就信息服务、科技服务、金融服务、运输服务、培训服务、批发零售服务等某一类生产性服务在精准农业、生态农业、绿色农业、休闲农业等现代农业发展中的作用等微观层面来探讨其与农业获利的关系[107~110]；Pham和Izumida（2002）通过越南的调查数据，研究得出农户选择金融服务与农户特征（能力、年龄、受教育程度）、耕地面积及所处自然环境等因素有关[111]；Mariano 和 Villano 等（2012）采用 Logistic 方法研究指出，农户选择的服务行为受其所处的社会、经济、环境等多因素影响；Rhodes（1983）研究表明农民是否选择合作社服务取决于他是否能获得净经济收益[112]；Nadia Yusuf（2014）着重研究了农村金融服务在农业扶贫中的作用，对印度不同模式的农村金融服务调查显示，农村通过正式金融融资的人数很少，在农业扶贫中应该采取的战略是提供社会合作金融服务[113]。

二　国内农业生产性服务业的研究

（一）关于农业生产性服务业对农业的影响研究

韩坚、尹国俊（2006）较早地提出了农业生产性服务业对提高农业生产效率的重要性[114]；潘锦云、李晏墅（2009，2011）则认为以生产性服务业为代表的农业现代服务业是实现以工促农、提升农业比较利益的有效途径，并基于产业耦合的视角提出现代服务业改造传统农业的思路[115]；黄慧芬（2011）认为中国现代农业发展急需农业生产性服务业支持[116]；杨杰（2010）对 2003～2007 年中国省际面板数据进行回归分析，结果表明不同地区生产性服务业的构成会导致其对农业效率提升的作用不同，但整体而言都可以提升农业效率[117]；鲁钊阳（2013）基于我国省级单位多年的实证数据，分析农业生产性服务业发展对城乡收入差距的影响，主要从促进农业生产性服务业的发展开始，对我国目前城乡收入差距过大的难题给出了解决办法[118]；柳坤、申玉铭、张旺（2012）运用投入产出法进行研究，结果表明高级生产性服务业在农业发展中作用显著[119]；李颖明、王旭、刘扬（2015）研究指出农业生产性服务业可以促进农地经营规模的适度增加，从而有利于农业适度规模经营[120]；兰晓红（2015）的研究则表明农业生产性服务对农民收入增长有积极的影响[121]；薛贺香（2013）利用计量模型研究提出，农业生产性服务业可以加速城镇化进程，提升农民消费水平，并据此提出发展农业生产性服务业的政策建议[122]；魏修建、李思霖（2015）基于DEA方法测算农业效率，实证分析指出中国生产性服务业可以促进农业效率的提升[123]；郝爱民（2011，2013a，2013b）较早地利用中国农村省际面板数据，构建计量模型检验农业生产性服务业对农业及农民收入的影响，实证表明农业生产性服务业可以加速农业产业结构调整，农业生产性服务，如农业技术推广技术、农产品营销服务等都会对农民收入有显著影响，提升农业效率[124-126]。

（二）关于中国农业生产性服务业发展结构的研究

李启平（2008，2009）基于时间序列模型的研究表明，在中国农业中服务业的比重较低，地区之间投入结构不平衡[127~128]；汪建丰等（2011）参照OECD一些重要发达经济体的相关指标，实证分析了中国农业生产性服务业水平、结构，认为与其他经济体相比，中国差距较大的依次是金融保险业、批发零售业、交通运输及仓储业，指出中国农业生产性服务业发展水平低，内部结构尚待优化，并提出了相应对策[129]；胡铭（2013）研究了中国生产性服务业内部各行业对农业发展的提升作用[130]。

（三）关于农业生产性服务业发展模式和对策的研究

姜长云（2009，2010，2011）以山东平度市现状为例，研究指出农业生产性服务业发展对农业发展方式转变和农民增收有重要作用，并就其发展模式提出了相应的建议[131~133]；黄慧芬（2011）则从提升农业产业链角度论述了农业生产性服务业发展的对策[116]；肖卫东、杜志雄（2012）针对河南省农业生产性服务业发展现状以及中国现实需求，归纳认为中国农业生产性服务业发展应以市场主导、政府主导、农民主导三种发展模式为主[134]；吴宏伟（2011）以安徽省为例，指出丰富农业生产性服务业供给模式、强化对农村生产性服务的财政支持和加强人才队伍建设等相关建议[135]；刘楠、张平（2014）研究了中国农业生产性服务业发展存在的问题及对策[136]；胡卫东（2012）以及翟璇（2014）分别就农业生产性服务业发展提出了对策[137~138]。

（四）关于农业生产性服务业发展需求研究

张红宇等（2015）对四川省的调研表明，农业大县对生产性服务需求迫切，应从引导需求、培育不同经营主体、强化农业基础设施、发挥政府引导和杠杆作用方面推动农业生产性服务业发展[139]；庄丽娟、贺梅英、张杰（2011）运用广东省调查数据，基于 multinomial Logistic 模型，研究了现阶段中国农户对农业生产性服务需求的结构特征[140]；张振刚等（2011）对广东省 87 个农业专业镇农业生产性服务业发展进行了案例研究，就存在问题进行了研究，并提出了相应的对策[141]；张晓敏和姜长云（2015）、李显戈和姜长云（2015）分别研究了不同类型农户对农业生产性服务的供给评价和需求意愿，以及农业生产性服务的可得性及影响因素[142~143]。

第四节　对现有研究的简要评述

综上所述，对服务业研究的文献越来越多，基本形成了一个较为统一的框架，这对理解服务业起到了重要作用，也为本书的研究提供了很好的研究思路借鉴。不过，现有研究多针对发达国家，关注宏观现象的微观基础，深入到企业层面的较多，针对发展中国家的研究较少。具体到农业生产性服务业研究上，据笔者了解，国内对农业生产性服务业及其对农业的整体影响尚缺乏系统的分析框架，对如何发挥农业生产性服务外溢效应重视不够，整体而言，现有研究文献尚存在以下不足。

（1）针对农业生产性服务业国内明显缺乏相应的实证研究。现有研究大多为定性分析，少数定量研究也缺乏系统的分析框架，缺乏从理论模型及实证角度探讨农业生产性服务业对农业发展的影响机制，因而引申出的政策含义也就只能停留在应该发展农业生产性服务业这个层面，不能回答如何发展农业生产性服务业、如何增强其对农业的外溢效应此类问题。

（2）已有研究在以下方面有待进一步深化，一是中国农业生产性服务业对农业发展的影响研究，特别是对农业生产性服务业对农业获利能力的外溢效应的形成机制的研究；二是中国农业生产性服务业对农业获利能力的外溢效应的测算与发展水平的评价，尤其是产生这种外溢效应的渠道研究；三是农业生产性服务业演变机理、发展动力机制、结构优化及实施路径等的研究。

第三章　农业生产性服务业外溢效应的理论分析

本章首先将农业生产性服务业视为具有管理和协调功能的中间投入，通过构建一个数理模型，分析农业生产与农业生产性服务的互动，探讨影响农业生产性服务业发展的机制及其需求因素。其次，运用新经济增长理论，借鉴 Bretschger（1999）的内生增长模型和 Arrow（1962）的干中学思想，建立一个农业生产性服务业外溢模型，试图做出一个农业生产性服务业外溢的经济学解释。最后，结合分工、交易成本、产业链整合理论和新兴古典超边际分析方法，建立推导出农业生产性服务业外溢效应的基本模型，分析农业生产性服务业体系对农业外溢效应形成的作用机制及外溢渠道。

第一节　农业发展对农业生产性服务需求的一般分析

本节将农业生产性服务业看作具有管理和协调功能的中间投入，通过分析农业生产性服务业与农业的互动，来探讨影响农业生产性服务业发展的作用机制及其需求因素。

一　建立基本模型

假设农业生产者在产品生产时需要投入两种要素：农业直接投入和农业生产性服务的间接参与。这里的农业生产性服务投入是中间服务，它主要是辅助农业直接劳动使其表现出规模报酬递增，所以，农业市场具有垄断竞争特征，各农业产品之间存在一定的替代性。

把农业的生产流程分成 m 个模块，每个模块都有直接劳动投入，用 g 表示。不同的模块划分对应不同的专业化水平，市场上存在足够的专业化服务来支持各种差异化的产品 $z(i)$ 的生产。根据现有的分工理论，生产产品的过程越长，模块的划分就越多，每个模块的专业化水平越高，生产效率就越高。所以农业的资本密集程度也可以通过 m 的大小来表现。假定农业生产中不同专业化水平下的生产函数如式（3.1）所示：

$$z(i) = m_i^{\delta} \prod_{j=1}^{m} z_{ij}^{1/m} \tag{3.1}$$

其中，$\delta > 1$。m_i^{δ} 表示把农业生产流程分成具体模块后的专业化收益，而 $\delta > 1$ 使这种模块化出现规模报酬递增。式（3.1）并不是农业最终的生产函数，它只体现了直接劳动与农业生产之间的关系。

当把农业生产分成 m 个模块后，模块之间的管理和协调就会变得复杂，这就需要通过各种非生产性的劳动投入使其衔接，我们把非生产性的劳动投入看作农业生产性服务，其表达式为：

$$B_i = \sum_{j=1}^{m_i} a_{ij} + b_i z(i) \tag{3.2}$$

B_i 表示第 i 种农业产品生产中总的农业生产性服务投入；a_{ij}表示各模块之间协调和管理性活动的成本，效率是影响该成本高低的关键；b 表示农业生产性服务，其与产出有关。

为了便于处理，假设式（3.1）中每个模块的直接劳动投入为 g_{ij}，可得：$g_i = z(i)/m_i^{\delta}$。同时，假设每个模块之间的操作成本也相等，为 a_i，则总成本函数为：

$$\begin{aligned} H[z(i)] &= m_i g_i w_g + B_i w_B \\ &= m_i^{1-\delta} z(i) w_g + [m_i a_i + b_i z(i)] w_B \end{aligned} \tag{3.3}$$

w_B 和 w_g 分别为农业生产性服务和直接劳动的工资水平，由于农业生产性服务对劳动者的素质要求较高，所以，其工资水平一般比直接劳动者高，即 $w_g < w_B$。因为非生产性劳动和直接用于农业生产的劳动都与产出水平和划分的模块（m）有关，所以，农业可以把直接劳动和生产性服务有效地组合，以形成不同的操作水平，其生产函数为：

$$z(i) = \min\left(m_i^{\delta} g, \frac{B_i - a_i m_i}{b_i}\right) \tag{3.4}$$

二　农业生产者均衡时对农业生产性服务的需求

由农业生产者的生产函数和总成本函数可知，农业的生产者可以使其总成本最小化，通过改变生产过程模块的多少进而选择使用不同的直接劳动和生产性服务组合。所以，当产出水平不变时，生产划分的模块数量 m 就是其总成本最小化的选择变量。由式（3.3）总成本最小化的一阶条件可得出 m 的表达式：

$$m_i = \left[\frac{\delta - 1}{a_i} \cdot \frac{w_g}{w_B} \cdot z(i)\right]^{1/\delta} \tag{3.5}$$

从式（3.5）可以看出，农业生产流程中的服务成本、农业生产规模、直接劳动者与生产性服务劳动者的工资比例影响农业生产流程中模块的数量。生产流程中的服务成本越低，直接劳动者与生产性服务劳动者的工资比例越大，农业模块数量的划分越多，农业生产规模越大，农业的专业化水平就越高。

将式（3.5）代入 m_ig_i 和 B_i 可得：

$$m_ig_i = \left(\frac{\delta - 1}{a_i}\right)^{\frac{1-\delta}{\delta}}\left(\frac{w_g}{w_B}\right)^{\frac{1-\delta}{\delta}} z(i)^{\frac{1}{\delta}} \tag{3.6}$$

$$B_i = \left[a_i\left(\frac{\delta - 1}{a_i}\right)^{\frac{1}{\delta}}\left(\frac{w_g}{w_B}\right)^{\frac{1}{\delta}} + g_iz(i)^{\frac{1-\delta}{\delta}}\right]z(i)^{\frac{1}{\delta}} \tag{3.7}$$

从式（3.6）可以看出，农业生产规模 $z(i)$ 越大，其对直接劳动的需求越大，但增加的速度是递减的（$1/\delta<1$）；式（3.7）表明农业生产性服务的需求与农业生产规模以一定的速度扩张。为了更深地理解农业生产规模对农业生产性服务需求的影响，我们用式（3.7）比上式（3.6），可得出农业内部的中间劳动和农业生产性服务的比例：

$$\frac{B_i}{m_ig_i} = (\delta - 1)\frac{w_g}{w_B} + b_iz(i)^{\frac{1-\delta}{\delta}}\left(\frac{\delta - 1}{a_i}\right)^{\frac{1-\delta}{\delta}} \tag{3.8}$$

令 $B_i/m_ig_i=\theta$，由式（3.6）可得，θ 与 w_g/w_B、$z(i)$、δ 等相关，进一步来说，$\frac{\partial\theta}{\partial(w_g/w_B)}>0$，说明直接劳动的工资水平和农业生产性服务的工资水平越接近，农业生产性服务投入的比例就越高。$\frac{\partial\theta}{\partial[z(i)]}>0$，说明农业规模越大，农业对农业生产性服务业的需求越高。但是农业规模对生产性服务的需求并不是线性的，$\frac{\partial^2\theta}{\partial[z(i)]^2}>0$，说明随着农业规模的扩大，其对农业生产性服务的需求先上升后下降。一般情况下，随着农业规模的扩大，其内部分工的程度会逐渐增加，从而导致对农业生产性服务的中间协调和管理职能的需求增加；当农业规模达到一定程度，其内部生产性服务的每一个需求都达到了一定的量，那么，农业服务部门中各类生产性服务由于规模的扩大而达到了规模报酬水平，这将导致农业对服务的需求减少，这恰恰说明农业适度规模的重要性。

结论：不同种类劳动者的收入差距与农业对农业生产性服务的需求负相关，直接劳动与农业生产性服务的收入差距越小，农业对农业生产性服务的需求越大。这说明农业规模越大，农业对农业生产性服务业的需求越高。但是农业规模对生产性服务的需求并不是线性的，适度规模时农业对农业生产性服务业的需求最高。

三　考虑消费市场后的农业生产性服务需求

式（3.8）的结果没有考虑消费者市场的影响，只考虑了农业生产者的均衡，要想得到农业生产性服务业发展与消费者收入水平更直接的关系，我们必须分析消费者市场。假设消费者对农产品的偏好具有 D－S 模型中的特征，则消费者对农产品的总需求函数为：

$$z(i) = H_y{}^m D_Y^{-\sigma} d(i)^{-\sigma} \tag{3.9}$$

D_Y 是农产品的价格指数，$D_Y = [\sum_{j=1}^{m} d(j)^{1-\sigma}]^{-1/(1-\sigma)}$。而 H_y 是农产品的数量指标，$H_y{}^m = z(i)\ d(j)^{\sigma}\ [\sum_{j=1}^{m} d(j)^{1-\sigma}]^{\sigma/(\sigma-1)}$，$\sigma > 1$。其中（$\sigma - 1$）/$\sigma$ 表示消费者的偏好。如果（$\sigma - 1$）/σ 的大小接近 1，即 σ 趋于无穷大，则消费者对农产品多样性的偏好程度较低，这表明农产品之间可以互相替代。所以，σ 越小，消费者对农产品多样性的偏好程度越高，不同农产品之间的替代性越小。

为了便于处理，假设农产品市场均衡时，每个农业生产者都有固定的专业化水平，即农业模块数量的划分不变，不同专业化水平的生产者根据消费市场的需求函数和自己的成本函数确定最终的产出水平，则农业的最优规划问题表示如下：

$$\underset{z(i)}{\mathrm{Max}} z(i) d(j) - \sigma - Xz(i) w_g - [m_i a_i + z(i) b_i] w_B \tag{3.10}$$

结合式（3.9）可以得：

$$d(i) = (m_i^{1-\delta} w_g + b_i w_B)\left(\frac{\sigma}{\sigma - 1}\right) \tag{3.11}$$

由于农产品市场不存在退出和进入壁垒，所以，均衡时农业生产者的利润为零，把式（3.11）代入式（3.10）得：

$$d(i) = (m_i^{1-\delta} w_g + b_i w_B)\left(\frac{\sigma}{\sigma - 1}\right) \tag{3.12}$$

我们可得出农业生产性服务投入和农业直接劳动投入的表达式：

$$m_i g_i = \frac{a_j(\sigma - 1)}{1 + m_i^{\sigma-1} b_i\left(\frac{w_B}{w}\right)} \tag{3.13}$$

$$B_i = m_i a_i + \frac{m_i^{\delta} a_i b_i(\sigma - 1)}{1 + m_i^{\sigma-1} b_i\left(\frac{w_B}{w}\right)} \tag{3.14}$$

同时：

$$\frac{B_i}{m_i g_i} = \frac{m_i}{\sigma - 1} + m_i^{\delta} a_i b_i\left[1 + \frac{1}{\sigma - 1}\left(\frac{w_B}{w}\right)\right] \tag{3.15}$$

$\frac{\partial\theta}{\partial\delta}<0$ 表示消费者对农业产品多样性的偏好程度与农业对生产性服务的需求成正比。分析 D－S 模型可以看出，消费者的收入水平与其对产品多样性的偏好程度成正比。因此，随着消费者收入水平的提高，其对农产品多样性的需求随之增加，为了生产出各种差异性产品以满足消费者的需求，农业对农业生产性服务需求增加。至此，我们构建了农业生产性服务业发展与收入水平的逻辑关系。

结论：消费者对农产品多样性需求的增加，会导致农业生产对农业生产性服务需求的增加，促进农业生产性服务业发展壮大。

第二节　农业生产性服务业外溢效应的一般分析

一　农业生产性服务业外溢效应的经济学解释

农业生产性服务业的外溢效应可以用经济学中的需求曲线和供给曲线来分析，在这里，由于大量的研究表明农业生产性服务业对农业增长存在正向作用，本书只分析其正向外溢效应。我们用纵轴代表农业生产性服务价格，横轴代表农业生产性服务产出，农业生产性服务行业成本与行业收益曲线相交于A_0点，这一点决定了农业生产性服务业的最优产量和价格。在考虑正外部性（正外溢）的情况下，代表农业生产性服务行业收益的需求曲线发生了变化，也就是说，社会收益曲线在行业收益曲线右上方，社会收益曲线高于行业收益，由图3－1我们也可以明显看出，农业生产性服务行业收益和行业成本所决定的均衡产量是未达到社会收益最优产量的，这种供给不足是由农业生产性服务业的正外溢效应导致的，这也说明农业生产性服务具有一定的准公共物品特征，单靠市场供给会导致供给的不足。

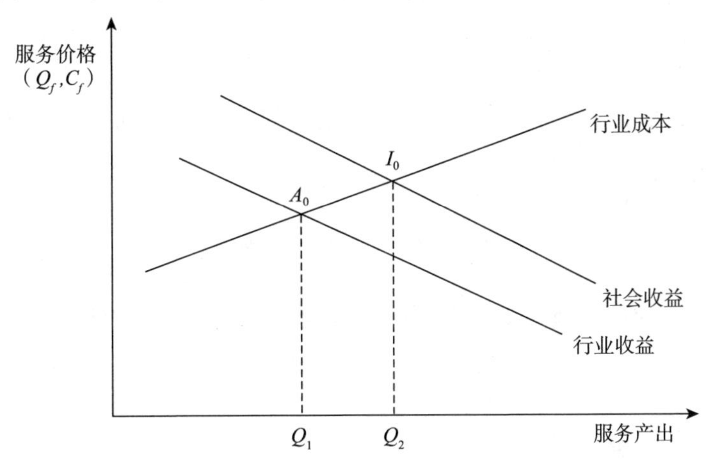

图3－1　农业生产性服务业外溢

二　农业生产性服务业外溢与农业资本的边际产出

农业生产性服务业的外溢效应可以用新经济增长理论来分析，在这里，本书借鉴 Bretschger（1999）的内生增长模型[142]，建立农业生产性服务业的外溢模型如下。

假设农业生产性服务业 i 在 t 时期提供的服务 S 由资本 K 和劳动力 L 决定，其服务提供函数为：

$$S_i(t) = A(t)F[K_i(t), L_i(t)] \tag{3.16}$$

借鉴 Arrow（1962）的干中学思想[143]，农业生产性服务业的技术、产业链外溢可以看作过去净投资的总和：

$$w(t) = \sum_{T=0}^{t} I(t) \tag{3.17}$$

公式（3.17）中，w 是外溢资本（包括技术外溢、产业链外溢等），I 为生产性服务投资，t 为时期。

w 对生产性服务因子 A 会产生一定影响：

$$A(t) = w(t)^{\beta} = k(t)^{\beta}L(t)^{\beta} \tag{3.18}$$

其中，$\beta \leqslant 1$，为外溢资本影响系数，代入式（3.16）得到农业生产性服务业产出：

$$Y_i(t) = K_i(t)^{\alpha}L_i(t)^{1-\alpha}w(t)^{\beta} \tag{3.19}$$

式中 α 为产出弹性，与此相对应，农业行业总产出如下：

$$Y(t) = K(t)^{\alpha}L(t)^{1-\alpha}w(t)^{\beta} \tag{3.20}$$

行业人均服务产出为：

$$M_a = (\alpha + \beta)k(t)^{-1+\alpha+\beta}L(t)^{\beta} \tag{3.21}$$

假定外溢资本与生产性服务投资成固定投资比例关系（假设等于过去投资总和），则根据式（3.18）可得全行业生产影响因子：

$$A(t) = w(t)^{\beta} = k(t)^{\beta} = L(t)^{\beta} \tag{3.22}$$

代入式（3.21）可得，农业产业人均服务产出为：

$$y(t) = k(t)^{\alpha+\beta} L(t)^{\beta} \tag{3.23}$$

农业生产性服务外溢导致行业和整个农业的边际产出不同，对于行业而言，其只需要考虑自己的行业资本投入回报，对式（3.19）关于资本投入求导，得到行业资本边际产出如下：

$$M_s = \alpha k(t)^{-1+\alpha+\beta} L(t)^{\beta} \tag{3.24}$$

同理对式（3.23）求导，可得农业资本边际产出如下：

$$M_a = (\alpha + \beta) k(t)^{-1+\alpha+\beta} L(t)^{\beta} \tag{3.25}$$

由式（3.24）、式（3.25）可以得到如下结论，由于农业生产性服务外溢的存在，农业资本边际产出大于个体行业产出，在图3－2中，我们给出了农业资本存在不同外溢时的边际产出情况，由图3－2可以看出，农业生产性服务外溢的存在会提升农业资本的边际产出，更进一步，会改变其边际产出递减性质。

假设农业市场是完全竞争的，此时，在不存在外溢时，行业边际产出和利率相等，根据凯恩斯－拉姆齐定理，得到农业生产性服务业稳定增长率如下，也可以认为这是农业增长率：

$$z(t)_s^{*} = \alpha k(t)^{-1+\alpha+\beta} L(t)^{\beta} - r \tag{3.26}$$

在存在外溢时，农业经济的最优增长率将可以达到：

$$z(t)_s^{*} = (\alpha + \beta) k(t)^{-1+\alpha+\beta} L(t)^{\beta} - r \tag{3.27}$$

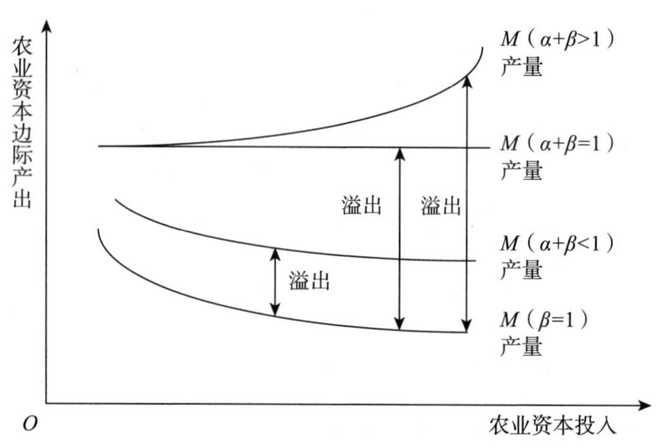

图 3－2　外溢效应与农业资本边际产出

此时，农业最优增长率提高了，这就是农业生产性服务业外溢效应的表现。

第三节　农业生产性服务业外溢效应形成机制

一　农业生产性服务业对农业外溢效应的理论分析

一方面，从专业化分工的角度来看，农业生产性服务业用于协调分工和减少交易成本的功能日益凸显，从而促进农业生产经营的规模化发展，利用其专业的服务功能为农业提供牵引力和推动力，使农业和整个社会经济财富快速增长。另一方面，农业生产性服务业的发展，有利于拓展农业产业链的长度和深度，可以针对农民在生产的前、中、后期面临的各类难题给出解决方案，在农业产业链条延伸、交易成本的锐减、农产品市场竞争力的提升等方面贡献重要力量，使农民从农产品深加工和商贸物流业中分得利益，大大提升了整个农业产业链的盈利水平。

二　专业化与农业生产性服务业的外溢效应形成——一个理论分析框架

先做如下假设。

假设1：在农业生产经营过程，农户活动分为农业生产和农户经营，农业生产指传统意义上的农业种植，农业经营指为农业提供产前、产中和产后服务等各种活动的总称，即农业生产性服务业的概念。用 X、Y 分别表示农业生产性产品和经营性产品。

假设2：农业生产系统中只有2个农户，他们既是生产者又是消费者，有同样的生产函数和资源禀赋约束。用 L_i（$i=1$，2）表示第 i 个农户的劳动投入。相应的模型为：

$$\begin{cases} X_i = L_{iX}^c, Y_i = L_{iY}^c, i = 1,2 \\ L_{1X} + L_{1Y} = 1, L_{2X} + L_{2Y} = 1 \end{cases} \tag{3.28}$$

式（3.28）中，L_iX 和 L_iY 表示第 i 个农户投入到 X 和 Y 的劳动份额，生产一种产品的专业化水平是用于生产此产品的时间份额[144]，所以，L_iX 和 L_iY 表示生产 X 和 Y 的专业化水平，c 表示专业化系数。式（3.28）表示产出是劳动投入的单调递增函数，式（3.29）中每个农户总的劳动时间为1，表示劳动资源禀赋的约束。

假设农户都处于自给自足状态，整理式（3.28）可得：

$$Y_i = [1 - (X_i)^{1/c}]^c \tag{3.29}$$

对式（3.29）分别求关于 X 的一阶和二阶导数，可以得到：

$$\frac{dY_i}{dX_i} < 0, \frac{d^2 Y_i}{d(X_i)^2} > 0 \tag{3.30}$$

式（3.30）中的一阶导数表示 X 对 Y 的边际替代率，式（3.30）说明农户在劳动投入一定的前提下，为了多生产1单位的 X，需要减少

生产 Y，但是需要减少生产的 Y 越来越少，即边际替代率递增。

进一步，在模型中引入市场交易，假设系统中有 M 个农户，所有农户都是相同的，既是生产者又是消费者；X^s 和 Y^s、X^d 和 Y^d 分别表示生产性产品和经营性产品的自给量、市场供给量和市场需求量。两种产品 X 和 Y 的生产函数、劳动资源约束和个人的预算约束设为：

$$\begin{cases} X + X^s = e(L_X - a), Y + Y^s = d(L_Y - b) \\ L_X + L_Y = 1 \\ P_X X^s + P_Y Y^s = P_X X^d + P_Y Y^d \end{cases} \tag{3.31}$$

式（3.31）中，系数 a、b 表示农户为进行生产所需要的学习和培训相关的费用；e、d 表示生产 X、Y 的技术水平；PX 和 PY 表示产品 X 和 Y 的价格。其他和式（3.28）中的含义相同。

农户进行市场交易必然会产生相应的交易费用，假定 m 为交易效率系数，则（$1-m$）为交易费用系数，设 n 为交易制度效率系数，则 $(1-n)$ 为制度环境费用系数。

考虑以上各种因素，农户的效用函数可以表示为：

$$U = \ln(X + n_X m_X X^d)(Y + n_Y m_Y Y^d) \tag{3.32}$$

农户的决策问题处在劳动约束和预算约束下，有以下三种模式。

第一种：自给自足模式。农户自己生产并消费两种产品，没有交易。

第二种：专业化生产 X 模式。农户自己生产农业生产性产品 X，卖 X 买 Y，存在交易。

第三种：专业化生产 Y 模式。农户自己生产农业经营性产品 Y，卖 Y 买 X，存在交易。

显然，中国处于存在交易的半专业化生产模式阶段，后两种模式对应的决策表达式分别为：

$$\begin{cases} \max U = \ln(X + n_X m_X X^d) \\ s.t.\ X + X^s = e(L_X - a) \\ L_X + L_Y = 1 \\ P_X X^s = P_Y Y^d \end{cases} \tag{3.33}$$

$$\begin{cases} \max U = \ln(Y + n_Y m_Y Y^d) \\ s.t.\ Y + Y^s = d(L_Y - b) \\ L_X + L_Y = 1 \\ P_Y Y^s = P_X X^d \end{cases} \tag{3.34}$$

对式（3.33）、式（3.34）的两个决策问题求解，再代回决策问题可以得到两个间接效用函数值，分别为：

$$U_X = \ln \frac{e^2 (1 - a - b)^2 P_X}{4 m_X n_X P_Y}$$

$$U_Y = \ln \frac{d^2 (1 - a - b)^2 P_Y}{4 m_Y n_Y P_X},$$

对比可以得到：

$$U_X - U_Y = \ln \frac{e^2 P_X^2 m_Y n_Y}{d^2 P_Y^2 m_X n_X} \tag{3.35}$$

以上基于新兴古典经济学体系框架，分析了农业生产性服务业对农业外溢效应的形成机理，由以上分析过程可以得出结论：农业的专业化分工是农业生产性服务业产生外溢效应的基本条件，农业的技术水平、交易效率、制度效率和两种产品的价格比例是影响农业专业化水平的主要因素。

第四章　农业生产性服务业外溢效应理论实证研究

本章分为五节，①基于省际面板数据，分别对我国农业生产性服务业对农业产业结构调整、农民增收和农业效率的影响进行实证研究，结果表明：农业生产性服务业对我国农业产业结构调整、农民增收和农业效率提升具有重要的作用。从长期来看，农业生产性服务业中科技推广和农村金融支持显著地促进了农业产业结构的调整和农业生产效率的提高；从短期来看，农业信息和农产品营销服务改善农民收入的短期效果也非常明显，并据此提出了发展我国农业生产性服务业的对策。②采用随机前沿分析方法，从影响农业效率损失的角度，分析农业生产性服务业的发展对农业生产效率的提高是否存在外溢效应，从而是否有利于提升农业的获利能力。结论表明：在样本期间，我国农业生产过程中普遍存在效率损失。农业产业化发展水平、农业专业化程度、农业生产性服务业规模、优良的政策环境因素和城镇化发展水平等是影响农业生产效率进而影响农业获利能力的重要因素，但是我国农业和农业生产性服务业的发展现状，在某种程度上抑制了农业生产性服务业对农业的外溢效应。最后，基于实证分析的过程与结论，提出相应的政策建议。③基于第三章新兴古典经济框架，通过构建一个面板数据模型，利用中国 2004 ~ 2011 年统计数据验证了上述观点，从影响农业效率的角度，分析农业生产性服务业的发展对农业生产效率的提高是否存在外溢效应，并从实证结果中得到结论：城镇化水平、农业政策环境、农业技术水平等因素正向影响农业生产性服务业对农业的外溢效应。最后，从加快农业生产性服务业规模化和集聚化、加快推进新型城镇化、加强农业科技投入和推广以及完善农业政策环境等方面提出了相应的政策启示和建议。④论述了新形势下农业技术进步面临的挑战，在梳理相关文献的基础上，对农业生产性服务业体系影响农业技术进步贡献的机理进行了分析。并利用2004～2012年中国31个省份的数据，运用面板模型实证分析了农业生产性服务业对农业技术进步的农业增长贡献的影响，结果表明中国农业生产性服务业对农业技术进步的农业增长贡献具有较为明显的促进作用，与国外不同，且现阶段其对农业技术进步贡献率的影响是以直接影响为主。最后提出有效地整合农业生产性服务的各类主体、各种资源和各个要素，促进农业生产性服务业发展，扩大农业技术进步对农业增长贡献的政策建议和路径选择。⑤研究表明农业生产性服务业的发展对中国城镇化有积极的影响，且存在显著的门槛效应。基于Hansen提出的门限回归法，建立门限回归模型，并将2005～2013年中国31省份的农业生产性服务业发展指标的面板数据作为门限变量值，实证分析得出，当农业生产性服务业发展到一定水平使其发展指标跨过某个门限值时，地区城镇化率增速显著提高，并就此提出创新发展中国农业生产性服务业以促进城镇化建设的政策建议。

第一节 农业生产性服务业对农业的影响——基于省际面板数据的研究

一 引言

农业是一国的基础性和战略性产业，直接关系国家安全和国计民生。20 世纪 90 年代以来，我国农业现代化的推进速度明显加快，促进了我国农业的快速发展，从农业生产来看，我国农业已由资源约束为主转变为市场约束为主。从追求的目标来看，农业发展由以追求产量为主转变为以追求效益为主。调整和优化农村产业和产品结构，使农民从结构中增加收益就成为农民增收的必然选择。因此，加快农业产业结构和产品结构的调整步伐就是实现农业现代化的关键所在。农业结构调整既是农业自身发展的内在要求，又是适应农业发展新阶段的客观需要。尤其是加入 WTO 以后，我国农业的发展被置于世贸组织的框架之中，农业竞争最终将表现为生产效率的竞争。三次产业的演进规律告诉我们，农业劳动生产率的第一次大规模提高，主要归功于制造业发展带来的机械化；第二次大规模提高，就可能与生产性服务投入的不断增加有密不可分的联系。

20 世纪 60 年代以来，服务业在世界经济中的作用日趋重要。著名学者赫伯特·G. 格鲁柏（1989）认为生产性服务是经济组织或新产品取得比较优势的重要来源。根据服务业的不同用途，他将服务业分为消费服务业、生产性服务业和政府服务业 3 种类型。Stan-backetal（1994）等认为，分工深化导致组织协调功能日益重要，从而生产中“服务”内容不断增加，农业和工业会伴随这一过程逐步将一些内部的服务功能分离出去，内部服务由专业化的服务组织来完成。Kenneth A. Reiner（1998）则研究了作为直接投入的生产性服务对于农业的影响。Postner H. Harry（1977）对 1967 ~ 1977 年的加拿大统计数据进行研究，研究结果表明，农业对生产性服务业的依赖呈现持续增长的趋势。在国内相关文献中，国内学者如黄少安（2005）、林毅夫（1994）等对农业生产效率的关注更多是从制度变迁角度进行分析，对利用生产性服务促进农业生产效率提高则重视不够，研究文献很少。只有李善同（1998）等测算了 1987 ~ 1992 年第一产业、第二产业对服务业中间需求的变化，认为第一产业对服务业的中间需求明显要低于第二产业，处于低水平。李启平（2009）的时间序列纵向分析和地区之间横向分析表明：农业中服务业的比重太低和地区之间农业生产性服务业投入不平衡是阻碍农业产业化、专业化和市场化的重要原因。韩坚等（2006）利用投入产出表分析了农业生产过程对生产性服务的消耗情况，进而解释我国农业发展的落后。

综上所述，无论是从理论模型还是实证检验方面来看，农业生产性服务业对农业发展都是有直接影响的，现有理论研究一般倾向于认为农业生产性服务业等对农业发展有利，但相应的实证研究明显缺乏。此外，国内现有研究只进行纵向研究，没有对地区进行横向比较研究，也未从实证角度探讨生产性服务对农业发展的深层次影响。基于此，本书试图从实证角度检验我国农民增收、农业产业结构调整和农业效率增长与农业生产性服务业发展的关系，我们结合面板数据的单位根检验、协整检验来全面考察它们之间长期和短期的相关关系，并在此基础上得出促进农业发展的政策建议。

为农业的产前、产中、产后环节提供中间服务的农业生产性服务业，贯穿农业生产的整个链条，是现代农业的重要组成部分。与发达国家相比，目前我国农业现代化仍处于相对较低的水平，具体表现为我国农业产业结构升级缓慢，一方面这可能与我国农业的小生产大市场特点有关，另一方面可能由于我国农业生产性服务投入严重不足。综合来看，农业生产性服务的提供主体包括政府、龙头企业和中介组织（农业专业合作社、行业协会等），从农业生产性服务的几个领域来看，三者起的作用也是不同的，其中政府的作用最为显著。本书出于数据可得的原因，主要考虑的是政府的支农服务部分。本书将利用中国的数据回答三个问题：①大力发展农业生产性服务业，是否有利于调整农业产业结构，实现其与市场的实时沟通，能否通过产业结构来影响我国农业，提高农产品竞争能力，进而提升农业利益；②农业生产性服务业发展，是否有利于提高农业经营水平和在农村找到致富的更好路径，是否能成为促进农民增收的有效途径；③农业生产性服务业是否有利于农业实现规模经营，从而实现农业效率的提高。并在此基础上，提出我国制定相关农业政策的建议。

本节的结构安排如下：第二部分建立农业生产性服务业对农业产业结构调整、农民增收和农业效率影响的实证模型；第三部分利用我国省际面板数据对模型进行估计；第四部分在上述研究基础上，得出本节的结论并提出政策性建议。

二 模型设定与数据说明

（一）指标选择

为了从整体上分析农业生产性服务业对农业经济增长的促进作用，我们分别选用农业产业结构状况、农民收入状况和农业效率状况来分析农业生产性服务业的影响。农业产业结构状况指标用各省的经济作物产值占农业总产值的比例来表示，值越大标明农业产业结构越优；农民收入指标用农民家庭人均收入来表示；用粮食单产作为农业效率指标的代理变量。

根据 Kenneth A. Reiner（1998）的研究，从具体服务范围看，农业生产性服务主要包括农资配送服务、农技推广服务、农业信息服务、农机作业服务、农产品质量与安全服务、疫病防控服务、农产品营销服务、基础设施管护服务、劳动力转移服务以及金融保险服务等。出于数据可得的原因，我们选择的农业生产性服务指标主要有：①农资配送指标，以此来反映农业生产资料提供情况，我们将《中国农村统计年鉴》中各地区农村固定资产投向交通运输、仓储和邮政业的资金作为代理变量；②农业信息服务指标，以此来反映农业信息提供情况，我们将《中国农村统计年鉴》中各地区农村固定资产投向信息传输、计算机服务和软件业的资金作为代理变量；③农产品营销服务指标，以此来反映农业农产品销售服务提供情况，我们将《中国农村统计年鉴》中各地区农村固定资产投向批发和零售业的资金作为代理变量；④农村金融保险服务指标，以此来反映受农村金融发展情况，我们将《中国农村统计年鉴》中各地区农村固定资产投向金融业的资金作为代理变量；⑤农技推广服务指标，以此来反映农业新技术提供情况，我们将《中国农村统计年鉴》中各地区农村固定资产投向科学研究、技术服务和地质勘查业的资金作为代理变量。

（二）模型方法

为了实证分析农业生产性服务业对农业产业结构、农民收入和农业效率的影响，我们建立了如下三个计量分析模型：

$$y_{it} = C + \alpha_i trf_{it} + \beta_i inf_{it} + \gamma_i wrl_{it} + \theta_i fin_{it} + \delta_i tec_{it} + \varepsilon_{it} \tag{4.1}$$

$$Inc_{it} = C + \alpha_i trf_{it} + \beta_i inf_{it} + \gamma_i wrl_{it} + \theta_i fin_{it} + \delta_i tec_{it} + \varepsilon_{it} \tag{4.2}$$

$$Eff_{it} = C + \alpha_i trf_{it} + \beta_i inf_{it} + \gamma_i wrl_{it} + \theta_i fin_{it} + \delta_i tec_{it} + \varepsilon_{it} \tag{4.3}$$

模型（4.1）中的被解释变量 y 是农业产业结构状况指标；模型（4.2）中的被解释变量 Inc 是农民收入指标；模型（4.3）中的被解释变量 Eff 表示农业效率；各个模型中的解释变量均相同，其中 trf 为农资配送服务指标，inf 为农业信息服务指标，wrl 为农产品营销服务指标，fin 是农村金融保险服务指标，tec 是农技推广服务指标，ε_{it} 为随机扰动项。下标 i 为各省份的标识（$i = 1, 2, \cdots, 30$），下标 t 是各年份（$t = 1990, 1991, \cdots, 2009$）的标识。$\alpha_i$、$\beta_i$、$\gamma_i$、$\theta_i$、$\delta_i$ 分别是农资配送服务、农业信息服务、农产品营销服务、农村金融保险服务和农技推广服务对农民增收、农业结构调整和农业效率的影响系数。

（三）数据说明

农民收入增长与农业生产性服务业的关系可能在不同的经济发展阶段有所不同，而自1990年开始中国农民收入进入缓慢增长期，也正是从此时，农业生产结构调整的重要性凸显。基于此，本书利用1990～2009年的省际面板数据进行实证研究。数据源于各年的《中国农村统计年鉴》。重庆（1997年才成为直辖市）数据合并到四川省，实证数据包括30个省份。

三　基于面板数据的实证研究

（一）各变量的面板单位根检验

为了避免动态面板数据模型估计中存在的伪回归现象，本书先对数据进行单位根检验。在此我们选择Levin，Lin & Chu检验和ADF-Fisher Chi-square检验，滞后期数为1（根据AIC原则进行选取），结果见表4－1。两种方法的检验结果表明，各变量的原始序列均有单位根，但是一阶差分序列通过检验，由此说明各变量均为I（1）单整。

（二）协整检验

表4－1表明，三个模型变量均为I（1）单整，存在协整的可能，说明变量彼此之间具有长期均衡关系，本书采用两步检验法对模型作协整检验，进行回归分析，结果见表4－2。

模型（1）的估计结果显示，调整后的$R^2=0.965$，F值为54.28，说明模型的解释力较强。除农资配送服务变量的系数不显著外，农产品营销服务、农村金融保险服务、农技推广服务的系数均显著且为正数，说明在农业生产性服务业中，无论是农产品营销服务还是农村金融保险服务和农技推广服务投资的增加，均能对农业产业结构的调整起到推动作用，其中农技推广服务和农村金融保险服务变量的系数最大，这表明当前：一方面我国农业经济增长方式由资源型增长转向科技型增长，农业新技术逐步取代常规技术，而农民是农业经营的主体，更是农业技术应用的主体。只有加强农技推广体系建设才能不断提高农民科技素质，加快农业生产结构的调整。另一方面，我国农村金融保险服务对推进农业科技创新、农业生产结构的调整、农业发展方式转变具有重要作用。农村金融支持力度的增大有利于农业生产结构的调整。

表 4－1　模型面板数据单位根检验结果

	模型（1）		模型（2）		模型（3）	
	Levin，Lin & Chu t*	ADF-Fisher Chi-square	Levin，Lin & Chu t*	ADF-Fisher Chi-square	Levin，Lin & Chu t*	ADF-Fisher Chi-square
y_{it}	29.7726	6.8196				
Δy_{it}	77.4357***	266.369***				
Inc			29.7726	6.8196		
ΔInc			65.4687***	266.369***		
Eff					29.7726	6.8196
ΔEff					57.4389***	266.369***
trf_{it}	6.52678	19.0955	8.72694	8.23954	31.42765	11.3095
Δtrf_{it}	21.4209***	292.448***	9.4209***	312.447***	22.4209***	208.539***
inf_{it}	11. 69456	8.01943	7.52683	4.00954	45.52674	7.11958
Δinf_{it}	13.4546***	187.369***	10.4209***	277.339***	24.4209***	282.4568***
wrl_{it}	12.43645	67.889	15.53674	19.889	12.43644	22.679
Δwrl_{it}	16.7844***	221.768***	17.7856***	233.745***	15.7985***	341.773***
fin_{it}	32.9295	53.3673	12.9295	38.5467	16.9675	34.3972
Δfin_{it}	12.62383***	134.263***	8.62383***	156.268***	4.78387***	182.254***
tec_{it}	55.2367	33.765	86.2741	34.065	58.1854	56.065
Δtec_{it}	9.9167***	66.0776**	7.9154***	84.0728**	7.8164***	74.0898**

注：*、**、*** 分别表示统计值在 10%、5% 和 1% 的水平上显著。

模型（2）的估计结果显示，调整后的 $R^2=0.973$，F 值为 42.83，说明模型的解释力度较强。除农业信息服务变量的系数不显著外，农产品营销服务变量、农村金融保险服务变量、农技推广服务变量的系数均显著且为正数，说明在农业生产性服务业中，无论是农产品营销服务还是农村金融保险服务投资的增加，均能对农民收入增加起到推动作用，其中农产品营销服务变量和农技推广服务变量的系数最大，这表明目前通过改善我国农产品营销服务，发展农产品产业化经营，将生产、加工、运输，销售等环节连成一体，多层次提高农产品附加值，可以从根本上提高效益，解决小生产与大市场的矛盾，减少市场风险，从而提高农民收入。农技推广服务投资力度的增大可以促使农民粮、棉、油、特产、畜牧、水产种养技术的提升，从而提高农民收入。

表 4－2　模型面板数据回归结果

变量	模型（1）			模型（2）			模型（3）		
	回归系数	T 检验值	概率值	回归系数	T 检验值	概率值	回归系数	T 检验值	概率值
C	8.5589***	6.4328	0.0000	18.4544***	9.4329	0.0000	11.4544***	15.4329	0.0000
trf_{it}	0.1167	0.8667	0.1025	0.1167	0.4854	0.1834	2.1167	2.4855*	0.0134
inf_{it}	2.1205	2.0409*	0.0325	1.2150	3.0409**	0.0025	1.1205	3.0409**	0.0025
wrl_{it}	2.1124**	2.1349	0.0134	5.6247***	6.4137	0.0000	0.6579	0.7349	0.1254
fin_{it}	5.1005***	4.8673	0.0000	1.1005**	2.8562	0.0326	1.1005***	3.8562	0.0000
tec_{it}	6.3156***	6.8670	0.0000	3.0170	5.8940	0.0000	2.3634***	5.7572	0.0000

注：*、**、*** 分别表示统计值在 10%、5% 和 1% 的水平上显著。

模型（3）的估计结果显示，调整后的 $R^2=0.937$，F 值为 56.76，说明模型的解释力度较强。除农产品营销服务变量、农业信息服务变量、农资配送服务变量的系数不显著外，农村金融保险服务变量、农技推广服务变量的系数均显著且为正数，说明在农业生产性服务业中，无论是农业信息服务和农产品营销服务还是农村金融保险服务还是农技推广服务投资的增加，均能对农业效率的调整起到推动作用，其中农资配送服务变量和农技推广服务变量的系数最大，这表明基层农技推广机构，特别是乡镇农技服务机构直接面对农民，推广技术、指导生产，发挥农资经销商的品种优势，加快新品种、新化肥、新农药的推广应用，更有利于农业效率的提升。

为了进一步说明问题，本书对残差项的平稳性进行检验（见表4-3），结果表明，残差是平稳的，说明变量间存在协整关系。

表4-3 残差的面板单位根检验

	模型（1）		模型（2）		模型（3）	
变量	Levin，Lin & Chu t*	ADF-Fisher Chi-square	Levin，Lin & Chu t*	ADF-Fisher Chi-square	Levin，Lin & Chu t*	ADF-Fisher Chi-square
残差原序列	9.38674***	132.809***	6.56432***	112.715***	8.83298***	116.965***

注：*、**、***分别表示统计值在10%、5%和1%的水平上显著。

（三）误差修正模型

以上面板数据协整检验的结果表明农业产业结构调整、农民收入、农业生产效率同农业生产性服务业的投入存在长期的稳定关系。因为利用误差修正模型时变量不存在多重共线性问题，同时可研究经济问题的长期特征及短期特征，因此本书利用误差修正模型来进一步考察农业产业结构调整、农民收入、农业生产效率同农业生产性服务业的投入之间的短期关系。设误差修正项为$VECM_{it}$，建立误差修正模型（滞后项选择为2），结果见表4-4。

误差修正模型的结果显示，$VECM_{it}$系数的符号为负，符合反向修正的原理，并通过了5%的显著性检验，结果表明，模型（1）中，在短期内，农技推广服务变量、农业信息服务变量显著促进了农业产业结构的调整。当前我国农业产业结构调整的切入点应是加快科技兴农的步伐、进一步完善农产品流通体系建设。模型（2）中，农资配送服务、农业信息服务、农产品营销服务、农村金融保险服务加强对农民收入具有积极的影响。而模型（3）中，在短期内，农村金融投资与农资配送对农业效率增长有显著的正向影响，而且这一结果与长期稍有不同。这说明农业生产性服务业的各个变量对农业产业结构调整、农民收入、农业生产效率的影响存在一定的时差，这对我们制定相关政策具有重要的参考意义。

表 4-4 误差修正模型结果

变量	模型（1）		模型（2）		模型（3）	
	系数	T检验值	系数	T检验值	系数	T检验值
$\Delta y_{i,t-1}$	1.11283***	3.18677				
$\Delta y_{i,t-2}$	0.20146	0.56697				
$\Delta Inc_{i,t-1}$			1. 21504***	4.08543		
$\Delta Inc_{i,t-2}$			0.04996**	1.07337		
$\Delta Eff_{i,t-1}$					0.12504***	4.07343
$\Delta Eff_{i,t-1}$					0.04996**	1.77337
$\Delta trf_{i,t-1}$	0.32513	0.11783	0.37325***	3.13654	0.87325***	3.13783
$\Delta trf_{i,t-2}$	0.11988	0.05756	0.06531***	3.17629	0.17531***	4.17629
$\Delta inf_{i,t-1}$	0.50960***	3.20895	0.44329***	3.67989	0.56389	2.54790
$\Delta inf_{i,t-2}$	0.14875**	1.58726	0.30436***	3.61378	0.20448***	3.61378
$\Delta wrl_{i,t-1}$	0.12785	0.80480	0.808597**	1.8997	0.008543	0.67545
$\Delta wrl_{i,t-2}$	0.05236	0.38489	0.108956**	2.00891	0.004532	0.09567
$\Delta fin_{i,t-1}$	0.01802	0.78090	0.705597***	2.95467	0.902243***	3.1889
$\Delta fin_{i,t-2}$	0.00236	0.37376	0.208411***	3.01668	0.105588***	2.80874

续表

变量	模型（1）		模型（2）		模型（3）	
	系数	T 检验值	系数	T 检验值	系数	T 检验值
$\Delta tec_{i,t-1}$	1.01134***	2.80480	0.42357**	2.03889	0.908574**	1.97156
$\Delta tec_{i,t-2}$	0.87236***	2.36345	0.308597**	2.00079	0.091197**	2.93467
$VECM_{i,t-3}$	-0.308597**	-2.01784				
			-0.084832**	-1.91678		
					-0.604987**	-2.04532

注：*、**、***分别表示统计值在10%、5%和1%的水平上显著。

四　结论与对策

本书在现有农业生产性服务业与农业增长相关研究的基础上，重点对农业生产性服务业对农业产业结构调整、农民收入、农业效率的影响进行实证研究。研究表明，无论是长期还是短期，农业生产性服务业是农业、农村经济新的增长点，是现代农业发展的重要支撑。从长期来看，农业生产性服务业中的农技推广服务变量、农村金融保险服务变量显著促进了农业产业结构的调整和农业生产效率的提高，且科技投资和金融支持的作用远超过农资配送和农业信息服务，这可能是由于技术进步对不同产业结构会有不同的影响，在众多农产品价格和收入弹性中，粮食的需求弹性最小，林产品、畜牧产品和水产品的需求弹性相对较高，所以促进粮食单产提高的科技进步必然导致农业中传统种植业部门的相对收缩，而农村金融体系的完善，可以使农民获得投资机会和受教育的机会，使农民劳动技能提高，从而促进农村经济发展和农业发展方式转变；从短期来看，农业信息和农产品营销服务改善农民收入的短期效果也是非常明显的，这可能主要是因为目前我国农业信息不畅、农产品流通体系建设落后，而环节少、物流快、成本低、效率高的渠道结构和及时的市场信息提供可以引导农民扩大规模经营，形成农村支柱产业，增加农民收入。而农资配送的作用却并不显著，这可能主要是因为我国当前农资配送体系已较为完善。

上述结论对我国制定相关农业政策具有重要的参考意义，农业生产性服务业中农技推广服务、农村金融保险服务显著促进了农业产业结构的调整和农业生产效率的提高，因此，要提升我国的农业竞争力，首先，一定要加强农业科技的推广力量。当前，各级政府积极建立适应农户需求的农技推广体制，将过去由上而下的推广方式变成农户参与式的推广方式，结合农民需求，把技术推广员由指导者转变成组织者和协助者。其次，要加强农村金融服务支持力度。近几年，农村经济和社会发展发生了巨大变化，特别是随着种植业、养殖业的发展与结构变化，农村第二产业、第三产业的发展，以及农民回乡创业和农业产业化的兴起，围绕农民生产生活的各种服务，农村产生了大量多元的金融服务需求。政府应从多方面给予政策支持，积极发展农村小额信贷，加快农村信用联社体制改革，探索发展农村非正规金融，发展农村担保，完善农村贷款政策，探索农户和农村企业的贷款抵押担保机制，以此促进农业产业结构的调整和生产效率的提高。

而在短期内，农村物流设施和农产品流通渠道的完善、农业信息系统建设可以促进农民收入提高。因此要把加强我国农产品营销与流通服务，农业信息系统建设放在重要位置，积极构建符合农村实际的高效顺畅的流通网络，形成以规范运营的乡村零售网点为基础，以大中型批发市场和连锁配送中心为骨干，以农民流通合作组织和大型农村流通企业为主体，农产品、消费品和农业生产资料市场全面协调发展的现代农村市场流通体系。这对进一步促进农民消费、扩大内需、保持我国国民经济平稳增长具有重要的现实意义。

第二节　农业生产性服务业外溢效应和外溢影响渠道研究

一　引言

有关农业与生产性服务业的思想最早源于美国经济学家舒尔茨，他在著作《改造传统农业》中指出，经济落后国家的经济增长有赖于农业的稳定增长，而传统农业不具有稳定增长的能力，这就需要改造传统农业，其关键在于寻找新的现代农业生产要素和技术。与此同时，John Mdlor（1960）也提出促进技术进步是传统农业转变为现代农业的关键。20 世纪 70 年代早期，日本经济学家 Yujiro Hayami 和美国经济学家 Vernon W. Ruttan（1970）提出“诱发性技术创新理论”，通过比较美国和日本两国的农业现代化道路，指出现代农业的发展需要补充最稀缺的要素——技术。

目前关于农业生产性服务业与农业之间关系的研究文献相对较少，相关的研究主要有如下几个。Kenneth A. Reiner（1998）将农业生产性服务作为直接投入，利用农村地区的农产品产出模型，研究农业生产性服务对农业的影响；Postner H. Harry（1977）对加拿大的统计数据进行研究，发现农业对生产性服务业的需求呈现持续增长的趋势。在国内，相关研究大多集中在农业生产性服务业发展的模式及对策，或者生产性服务业与制造业、农业的关系上。例如，李启平（2008）基于投入产出表分析认为，农业中服务业的比重太低，而且地区之间农业中服务业投入不平衡，从而阻碍了农业的产业化、专业化和市场化；杨杰（2010）运用 DEA 方法，通过实证分析指出我国省际生产性服务业的发展有利于农业效率的提高；姜长云（2011）则利用对山东平度市调研的数据，分析了农业生产性服务业发展的主要模式，提出了发展农业生产性服务业的若干对策；潘正等（2011）运用脉冲响应函数和方差分析，指出广东省的农业与生产性服务业之间存在促进关系；郝爱民（2011）利用我国省际面板数据，通过协整检验和误差修正模型得出结论，指出农业生产性服务业对我国农业产业结构调整、农民增收和农业效率提升具有重要作用；黄慧芬（2011）从理论角度论述农业比较利益的提升需要农业生产性服务业的支持；潘锦云等（2011）通过运用逐步回归法检验了我国新旧农业生产要素对改造传统农业的影响，指出应依靠现代服务业提供的现代科技和信息技术来改造传统农业。

上述文献采用不同的方法、从不同的角度，或理论或实证分析了生产性服务业或农业生产性服务业对农业的促进作用。但是，农业生产性服务业通过什么渠道促进农业生产效率的提高，进而提升农业的获利能力？关于此问题，现有文献还未涉及。本书拟从分工和产业链整合的角度分析农业生产性服务业的外溢效应，力图验证对于农业经济发展而言，生产性服务业通过发挥 Riddle（1986）提出的“黏合剂”作用，对农业的增长产生外溢效应。本书认为对于我国大而不强的农业来说，效率损失可能是导致效率低下的最重要因素，基于此，本书试图从影响农业效率损失的角度，分析农业生产性服务业的发展对农业生产效率的提高是否存在外溢效应，采用分析技术效率的随机前沿方法，检验我国农业生产性服务业对农业产生的外溢效应，并具体分析产生外溢效应的渠道。

内容安排如下：第二部分是理论分析和基本假说；第三部分是关于随机前沿模型的介绍以及变量与数据的说明；第四部分是对实证结果的分析与解释；第五部分是简要结论及政策建议。

二　理论分析和基本假说

（一）分工、产业链整合与农业生产性服务业的外溢效应

本书试图利用分工理论和产业链理论，基于宏观和微观两个角度来

探讨农业生产性服务业对农业的外溢效应。

斯密（1776）最早提出专业化分工是经济发展的重要源泉，随后李嘉图（1817）论述了外生比较优势与分工的关系，杨格（1928）和熊彼特（1934）则分别从规模报酬递增和外生与内生规模经济的角度发展了斯密的分工理论，认为平均成本与边际成本均随专业化分工水平的提高而递减。盛洪（1995）发展了杨小凯（1991）定义的专业化分工的经济性，他将专业化分工的经济性分为直接经济性和间接经济性，认为两者都源于专业化分工引起的生产费用的节约。

专业化分工是生产性服务业发展中真正起决定作用的因素[9]，随着农业技术的进步，农业分工必将深化，农业生产性服务行业用于协调分工和减少交易成本的功能日益凸显。但我国农业面临的最大问题是，市场基本处于不完全竞争状态，农业典型的小生产带来的信息不完全导致市场交易成本极高，极大地削弱了农业的经济效率。从服务业通过拓展农业分工体系所实现的内生发展过程也可以看出，生产性服务业和农业之间是具有深度关联和互动的，农业生产性服务业能重组中间生产环节，内涵就是由服务活动的介入和引导衔接形成一个有效降低市场交易成本的社会大生产系统，从而促进农业生产和整个社会经济财富快速增长。格鲁伯、沃克（1989）认为生产性服务业实质上是迂回的生产过程，它增加了生产步骤，也扩大了中间投入的数目，因此需要使用更为专业的劳动力与更多的资本，将这两种生产要素导入生产过程之中，从而大大提高最终产出。薛立敏等（1993）认为生产性服务提供知识及技术，使生产更加专业化、生产迂回度增加，并提高了生产要素的生产力。因此，从分工视角关注生产性服务业对农业的外溢效应，有利于从宏观经济增长角度入手，关注这种外溢效应对于农业生产率提高以及整体经济增长的作用。

而从我国农业发展的微观现实角度看，我们还需要关注这种外溢效应产生的微观机制。从现实情况来看，农业生产者愿意选择生产性服务外部化，主要源于其面对不确定性的风险回避。比如目前较常见的“公司+农户”模式，农民与有关企业签订物资供应、产中服务和农产品销售合同，可以有效地回避其自身能力不足所带来的风险，并把农民与企业联结起来以带动农业共同体发展，促进农业生产单位效率提高，在市场竞争中保持灵活性。

上述现象可以借助产业链模型进行解释。产业链理论把生产者的所有活动视为一个彼此相连、环环紧扣的链条，视为企业创造产业的活动。从农业产业链的运行规律来看，可将农产品从生产者到最终消费者的过程，分解为一系列相对独立又相互联系的增值环节。因为生产者（如农户）可能在某一环节具有比较优势，但不可能在每一个环节都具有比较优势。在农业产业体系高度发达国家，如美国、日本和以色列，很多农产品基础生产与加工、营销分离，农民可以通过与专业厂商建立合同关系，把深加工、流通环节交给具有比较优势的企业来完成。在同一产业链的不同环节之间实现优势互补，大大提升了整个农业产业链的盈利水平。

农业产业链运作效益的发挥依赖各利益主体协同效应的发挥。然而，由于农产品市场的特殊性，这些利益主体之间的利益是冲突的。尤其在我国，分散经营的几乎是完全竞争的小生产农户，将农产品销售给加工商或者批发商的综合市场交易成本极高，农民进入产业链困难，难以分享农业产业链运作带来的效益。因此拓展农业产业链的长度和深度，使农民从农产品深加工和贸易中分得利益，发挥农业家庭经营成本低的优越性，弥补小规模分户经营难以调整结构、衔接市场、获得产后利润的缺陷，将使农户与企业在农业产业链的发展过程中实现双赢，从而大大提升农业的获利能力。

为进一步分析农业生产性服务业对农业的外溢效应，本书借鉴 Feder 两部门模型假设：整个第一产业由农业和农业生产性服务业两部门组成；

农业生产性服务业对农业存在外溢效应；两部门间的要素边际生产率存在差异，且差异值相等；农业生产性服务业以不变弹性影响农业。

根据以上假设，两个部门的生产函数分别为：

$$A = A(K_A, L_A, S) \tag{4.4}$$

$$S = S(K_S, L_S) \tag{4.5}$$

$$Y = A + S \tag{4.6}$$

其中，Y、A、S 分别表示整个经济的总产出、农业产出和农业生产性服务业产出；K_A、L_A、K_S、L_S分别表示农业部门和农业生产性服务业部门的资本和劳动投入。(4.4) 式符合假设 2，表示农业生产性服务业对农业的产出具有外溢效应。

分别对式 (4.4)、(4.5) 和 (4.6) 求全微分，得到：

$$\mathrm{d}A = \frac{\partial A}{\partial K_A}\mathrm{d}K_A + \frac{\partial A}{\partial L_A}\mathrm{d}L_A + \frac{\partial A}{\partial S}\mathrm{d}S \tag{4.7}$$

$$\mathrm{d}S = \frac{\partial S}{\partial K_S}\mathrm{d}K_S + \frac{\partial S}{\partial L_S}\mathrm{d}L_S \tag{4.8}$$

$$\mathrm{d}Y = \mathrm{d}A + \mathrm{d}S \tag{4.9}$$

其中，$\partial A/\partial K_A$、$\partial A/\partial L_A$、$\partial S/\partial K_S$、$\partial S/\partial L_S$ 分别表示农业和农业生产性服务业的资本和劳动的边际产量，$\partial A/\partial S$ 表示农业对农业生产性服务业产品的边际产量，反映农业生产性服务业的外溢效应。

$$L = L_A + L_S \tag{4.10}$$

根据假设 3，设部门间差异值为 θ，则两个部门要素边际产量的相互关系可以表示成：

$$\frac{\partial S/\partial K_S}{\partial A/\partial K_A} = \frac{\partial S/\partial L_S}{\partial A/\partial L_A} = 1 + \theta \tag{4.11}$$

$\theta > 0$、$\theta = 0$ 和 $\theta < 0$ 分别表示农业生产性服务业部门的要素边际生

产率大于、等于和小于农业部门的要素边际生产率。

根据假设1，设 K 和 L 分别表示整个国民经济的资本和劳动，则

$$K = K_A + K_S \qquad L = L_A + L_S$$
$$dK = dK_A + dK_S \qquad dL = dL_A + dL_S \tag{4.12}$$

由式（4.11）得

$$\frac{\partial S}{\partial K_S} = (1+\theta)\frac{\partial A}{\partial K_A}, \frac{\partial S}{\partial L_S} = (1+\theta)\frac{\partial A}{\partial L_A} \tag{4.13}$$

将式（4.7）、（4.8）、（4.13）代入式（4.9），整理后可以得到：

$$\begin{aligned} dY &= \frac{\partial A}{\partial K_A}dK + \frac{\partial A}{\partial L_A}dL + \frac{\partial A}{\partial S}dS + \frac{\theta}{1+\theta}dS \\ &= \frac{\partial A}{\partial K_A}dK + \frac{\partial A}{\partial L_A}dL + (\frac{\partial A}{\partial S} + \frac{\theta}{1+\theta})dS \end{aligned} \tag{4.14}$$

为了分离出农业生产性服务业对农业部门的外溢作用，根据假设4，将不变弹性用 λ 表示，则

$$\lambda = \frac{\partial S}{\partial A}\frac{A}{S}, \frac{\partial A}{\partial S} = \lambda\frac{A}{S} \tag{4.15}$$

将式（4.14）两边分别除以 Y，再将（4.15）式代入，整理后可以得到：

$$\frac{dY}{Y} = \frac{\partial A}{\partial K_A}\frac{dK}{K}\frac{K}{Y} + \frac{\partial A}{\partial L_A}\frac{dL}{L}\frac{L}{Y} + (\lambda\frac{A}{S} + \frac{\theta}{1+\theta})\frac{dS}{S}\frac{S}{Y} \tag{4.16}$$

对（4.16）式进一步整理可以得到：

$$\begin{aligned} \frac{dY}{Y} &= \frac{\partial A}{\partial K_A}\frac{dK}{K}\frac{K}{Y} + \frac{\partial A}{\partial L_A}\frac{dL}{L}\frac{L}{Y} + \lambda\frac{A}{S}\frac{dS}{S} + \frac{\theta}{1+\theta}\frac{S}{Y}\frac{dS}{S} \\ &= \frac{\partial A}{\partial K_A}\frac{dK}{K}\frac{K}{Y} + \frac{\partial A}{\partial L_A}\frac{dL}{L}\frac{L}{Y} + \lambda(1-\frac{S}{Y})\frac{dS}{S} + \frac{\theta}{1+\theta}\frac{S}{Y}\frac{dS}{S} \end{aligned} \tag{4.17}$$

其中，dY/Y、dK/K、dL/L 分别表示国民经济增长率、资本增长率和劳动增长率。从式（4.17）的推导过程可以知道，由于整个国民经济由两部门组成，$\frac{S}{Y}\frac{dS}{S}$反映农业生产性服务业对整个国民经济，尤其是对农业部门的直接影响，而$\left(1-\frac{S}{Y}\right)\frac{dS}{S}$则反映农业生产性服务业通过与农业部门的弹性关系影响到农业部门，进而影响到整个国民经济的增长，即反映了农业生产性服务业的外溢效应，所以农业生产性服务业对农业的影响渠道有两个：农业生产性服务业本身的发展效率和农业生产性服务业对农业部门的外溢效应。

基于上述分析，本书认为农业生产性服务业对农业产生外溢效应的机制源于农业生产性服务业的发展将刺激农业生产者动态匹配自身资源、能力，他们出于风险回避和利益动机，对于农业生产性服务会选择外包，农业资源和能力在同一产业链的不同环节之间实现优势互补，最终带来农业获利能力提升，而农业获利能力提升进而又推动农业企业将更多服务环节外部化，农业生产性服务会产生明显的规模经济和学习效应，进而促进农业生产性服务的发展水平提升。很显然，上面刻画的是一个正向反馈机制，它需要完善的制度环境支撑，否则这种正向反馈有可能被削弱、终止，甚至可能朝相反的方向发展，出现生产性服务业发展挤压农业利润空间的现象。因此，在研究生产性服务业对农业的影响时，我们不仅应考察净溢出效应，更应研究产生溢出效应的条件。

（二）影响农业生产性服务业外溢效应的条件分析

1. 农业产业化发展水平

既然服务外包本质上是农业动态匹配自身资源、能力与产业链环节的结果，农业竞争优势的获得就需要其有较高的产业化水平，我们可以推断，农业产业化发展能力越强，其通常越倾向于将某一生产环节服务外包，农业产业化发展水平势必成为影响服务外包和生产性服务业外溢效应的重要因素。因此，农业产业化发展水平高，意味着农业将提供生产性服务业的环节外部化，有助于提高农业的获利能力。综上所述，提出待检验假说如下。

假说 1：农业产业化水平与生产性服务业对农业获利能力的外溢效应正相关。

2. 农业专业化程度

根据斯密（1776）在《国富论》中的论述，专业化有助于提高生产率。农业生产专业化的优点主要表现：一是充分发挥地区的环境和资源优势；二是充分采用先进技术，提高生产效率。专业化程度越高，越需要实现农业生产性服务业的发展。农业生产性服务业的发展激发农业生产者动态匹配自身资源、能力与产业链的动机，当农业生产者认为选择服务外包更有利可图时，他就会选择服务外包，从而专注于优势环节，使农业生产链中的某些环节更加专业，其经营农业的获利能力就会提升。综上所述，提出待检验假说如下。

假说 2：农业专业化程度正向影响生产性服务业对农业获利能力的外溢效应。

3. 农业生产性服务业的规模水平

生产性服务业在生产过程中充当人力资本和知识资本的传送器，它通过提供更为专业的劳动力和更为成熟的技术，使生产过程更加迂回、生产更加专业化，并提高资本、劳动和其他生产要素的生产力，最终提高整个产业的生产效率。农业生产性服务作为农业生产过程中的中间投入要素，在满足农业服务外包需求的发展过程中，自身的业务水平也不断提高，自身的规模不断壮大。农业生产性服务业规模的扩大，会产生规模经济效应和学习效应，有助于实现农业生产方式和组织方式的变革。提供服务所发生的成本也在不断降低，可以促使农业进一步分工，提高其生产效率，从而提升农业的获利能力。综上所述，提出待检验假说如下。

假说3：农业生产性服务业规模水平与农业获利能力的外溢效应正相关。

4. 政策环境因素

服务产品的无形性决定了农业生产性服务的供需双方更难以对交易的利益和风险形成稳定的预期，因此其在交易过程中需要外部力量来保护契约的执行，也就是说，制度在农业生产性服务业发挥对农业的外溢效应中扮演着非常重要的角色。作为人类设计的制约人们相互行为的社会博弈规则的制度，定义和限制了个人和企业的决策集合。在农业生产性服务业与农业互动发展层面，政策环境所带来的经济规则扮演着重要的角色，我国改革开放就是以轰轰烈烈的农村制度变迁为起点展开的，制度变革和政策调整必然影响生产性服务业对农业的外溢效应，在经济市场化的进程中，市场化引发的竞争加剧对生产性服务业与农业互动发展而言将产生多重正向作用。2010年我国农业中间投入中生产性服务所占比重只有12%，远低于美国的32.6%、德国的28.4%和日本的26.6%。根本原因就在于我国农业的竞争环境和农民自身素质与这些国家存在较大差距。长期“重工轻农”导致我国农业生产性服务业在产业发展中配置资源的基础性作用被大大削弱，服务业创新不足，经营效率低下，供给能力的扩张受到制约，这在一定程度上抑制和削弱了农业外包生产性服务的内在动力。因此，通过改变原有的城乡二元化的行政性力量配置资源的做法，积极扶持真正有市场竞争力的农业企业，提高市场配置资源的效率，保证农业生产性服务供需双方有稳定预期，就会大力促进农业生产性服务业外溢效应的发挥。综上所述，提出待检验假说如下。

假说4：政策环境的完善程度正向影响农业生产性服务业对农业获利能力的外溢效应。

5. 城镇化水平

城镇化是指社会生产力发展和社会分工所引起的农村人口向城镇转

移、从事非农产业的过程，主要表现为城镇人口的不断增加和城镇规模的不断扩大。城镇化进程可以说是人类生产和生活聚集的过程，聚集是城镇化最明显的特征。农业人口向城镇聚集，可以提高农村人均耕地占有量，改变我国农村人多地少的基本国情，推动农村土地相对集中，实现农业生产的规模经营，提高组织化程度，增强抵御自然风险和市场风险的能力，从而不断降低农业生产成本，提高农业生产率。城镇作为大中城市与农村的沟通桥梁，通过自身拥有的便捷的交通通信和网络条件，可以把分散、封闭的农村市场纳入以城市为中心的统一、开放的市场体系中，可以使农民方便地获得农业生产技术和市场需求信息，从而引导农民以市场需求为导向组织生产，调整农村经济结构，克服农业生产的盲目性，为农业产前、产中、产后提供规范化服务。综上所述，提出待检验假说如下。

假说5：城镇化发展水平正向影响生产性服务业对农业获利能力的外溢效应。

三　模型、变量与数据的说明

（一）模型的设定

随机前沿方法（Stochastic Frontier Approach，SFA）最早是由比利时的 Meeusen 和 Broeck、美国的 Aigner 等、澳大利亚的 Battese 和 Corra 于 1977 年提出的，它是测量技术效率的方法。随机前沿模型是具有复合扰动项的随机边界模型，随机扰动项由 v 和 u 两部分组成。一般形式为：

$$Y_{it} = f(X_{it};\beta)\exp(v_{it} - u_{it}) \tag{4.18}$$

在式（4.18）中，Y_{it}表示第 i 个生产单元在 t 时期的实际产出，X_{it} 表示第 i 个生产单元在 t 时期的投入向量，β 表示待估计的投入向量参数，（$v_{it} - u_{it}$）为复合扰动项，f 表示前沿生产函数，代表了现有技术条件下的最佳产出，它可以选择不同的函数形式，目前常用的有柯布－道格拉斯生产函数和超越对数生产函数，相对于前者，后者具有易估性和包容性，它不仅考虑了投入要素之间的替代效应和交互作用，而且考虑了时间变化的影响，本书选择基于替代弹性的超越对数生产函数，模型形式为：

$$\ln Y_{it} = \beta_0 + \beta_t t + \beta_K \ln K_{it} + \beta_L \ln L_{it} + \frac{1}{2}\beta_{tt} t^2 + \frac{1}{2}\beta_{KK}(\ln K_{it})^2 + \frac{1}{2}\beta_{LL}(\ln L_{it})^2 + \beta_{KL}(\ln K_{it} \ln L_{it}) + \beta_{Kt} t \ln K_{it} + \beta_{Lt} t \ln L_{it} + (v_{it} - u_{it}) \tag{4.19}$$

Y_{it}表示农业的实际产出，K_{it}和L_{it}分别为农业的资本投入和劳动投入，t表示技术进步；β为参数，反映了技术进步的时间变化效应以及资本和劳动的产出弹性，v_{it}是传统的随机误差项，是无法控制的随机因素导致的，假定服从独立同分布$v_i \sim iidN$（0，${\sigma_v}^2$），u_{it}是技术非效率所引起的误差，该部分是人为因素所导致的，假定服从截尾正态分布N^+（M，σ_u^2）。M对应的函数为技术无效函数，M越大表明技术无效程度越高，即农业生产效率越低下。考虑到在竞争的环境下，随着时间的推移，技术效率必然会发生改变。按照 Battese 和 Coelli（1995）的设定，本书将技术无效率的函数形式设定为：

$$M_{it} = \lambda_0 + \eta t + \sum \lambda_k Z_{kit} + w_{it} \tag{4.20}$$

w_{it}为技术无效方程的随机误差项。η为技术无效率的时变参数，反映技术效率随着时间的推移如何变化，η大于0、小于0和等于0分别表示技术效率随时间递减、递增和不变。Z_k表示除要素投入外的其他对农业技术效率有影响的外生变量，λ是待定系数，表明各外生因素对技术效率的影响程度，其符号与影响效应相反，取值大于0，表示有负的影响效应，取值小于0，表示有正的影响效应。

对于随机前沿模型，总体方差$\sigma^2 = \sigma_v^2 + \sigma_u^2$，反映随机前沿函数的总体波动。参数$\gamma = \sigma_u^2/\sigma^2$（$0 \leqslant \gamma \leqslant 1$）反映在总体波动中由技术无效率

所解释的部分。γ 接近于 0，表明实际的产出与可能最大产出的差距，即总体波动主要来自随机误差，可直接采用 OLS 来估计生产函数；γ 接近于 1，说明总体波动主要来自技术非效率引起的误差，此时采用随机前沿模型进行函数估计更合适。

由于随机前沿生产函数模型包含两个随机误差项，其参数估计不同于传统的生产函数模型。艾格纳、洛夫尔和施密特（1977）在假设 $v_i \sim iidN\ (0,\ {\sigma_v}^2)$ 与 $u_i \sim iidN^+\ (0,\ {\sigma_u}^2)$ 同时满足的情况下，提出用极大似然法来估计，先采用极大似然法估计出随机前沿模型的所有参数，然后在极大似然估计参数已知的条件下，将极大似然法估计的残差分解成噪音项与技术无效率项，从而度量出样本各单元的技术无效项。

（二）变量的选择

本书的研究目的在于分析农业生产性服务业通过何种渠道影响农业的技术效率，进而提升农业的获利能力，基于现有文献的研究成果，根据前面的分析，选择变量如下。

农业产出。依照大多数做法，采用农业总产值增加值来衡量。

资本投入。在农业投入要素中，现有文献大多以土地、机械、化肥、灌溉和劳动等各项投入来衡量，考虑到本书的研究目的和数据的可获得性，本书采用统计年鉴中的农林牧渔业的全社会固定资产投资总量作为衡量资本投入的变量。

劳动投入。用农林牧渔从业人员数作为衡量劳动投入的变量。

农业产业化水平。本书借鉴黄季焜的做法，利用乡镇企业数量密度来衡量农业的产业化水平，数值越大，说明农业产业化水平越高。乡镇企业数量密度 = 乡镇企业数量/农村人口。

农业专业化程度。现有相关研究多采用人力资本、专业人才或者资本有机构成来反映专业化程度，本书采用资本有机构成，即人均资本拥有量作为代理变量。人均资本拥有量 = 农业资本投入/农业就业人数。

农业生产性服务业规模水平。根据前面相关的定义，本书认为农业生产性服务业包括以下行业：交通运输、仓储和邮政业，信息传输、计算机服务和软件业，批发和零售业，金融保险业，租赁与商务服务业，科研及技术服务和地质勘查业等。农业生产性服务业从业人员采用以上各行业从业人员数加总。农业生产性服务业的规模水平用农业生产性服务业就业人数占整个农业就业人数的比重来表示。

政策环境。国家宏观支农政策主要包括粮食安全政策、土地政策、提高农民非农收入的政策、结构调整政策和农业市场化政策。本书将支援农村生产支出和各项农业事业支出作为衡量农业政策环境因素的变量。

城镇化水平。目前城镇化水平的测度方法有单一指标法和复合指标法。考虑到数据的可获得性和统计口径的一致性，本书选择较常用的单一指标法，用城镇化率作为衡量城镇化发展程度的数量指标。城镇化率的计算公式为：城镇化率=城镇人口/总人口。

基于以上选择的变量，模型（4.20）变为：

$$M_{it} = \lambda_0 + \eta + \lambda_1 Z_{1it} + \lambda_2 Z_{2it} + \lambda_3 Z_{3it} + \lambda_4 Z_{4it} + \lambda_5 Z_{5it} + w_{it} \quad (4.21)$$

Z_1、Z_2、Z_3、Z_4、Z_5分别表示农业产业化水平、农业专业化程度、农业生产性服务业规模水平、政策环境和城镇化水平。

（三）数据的说明

由于我国在2003年执行了新国民经济行业分类标准，但是2004年《中国统计年鉴》中没有2003年“各地区按主要行业分的全社会固定资产投资”的数据，所以本书选择2004~2010年我国31个省份的面板数据为分析对象。原始数据均来自2004~2011年《中国统计年鉴》。

为了保证数据的可比性，本书用2004年价的第一产业GDP指数和固定资产投资价格指数，分别对2004~2010年的农业总产值增加值和农林牧渔业的全社会固定资产投资总额增加值进行调整。由于统计年鉴中有

1978 年价的第一产业 GDP 指数和 1991 年价的固定资产投资价格指数，所以采用《中国国内生产总值核算历史资料》（1952～1995）提供的方法，先换算出 2004 年价的第一产业 GDP 指数和固定资产投资价格指数。

$$GDPI_t(2004=100)=100\times GDPI_t(1978=100)\div GDPI_{2004}(1978=100)$$

$$KI_t(2004=100)=100\times KI_t(1991=100)\div KI_{2004}(1991=100)$$

四　实证结果的分析和解释

一般来说，随机前沿模型形式设定是否恰当直接关系到结论的正确与否，检验模型形式设定是否恰当主要是通过构建似然率统计量（LR）来进行。为了检验本书所采用的超越对数随机生产函数模型是否恰当，提出如下原假设，并计算似然率统计量（LR）进行检验（Battese and Coelli），见表 4-5。其中，$LR=-2\ [\ln L_R-\ln L_U]\sim(k)$，$\ln L_R$ 和 $\ln L_U$ 分别表示约束对数似然函数的极大似然值和无约束函数的极大似然值，k 为自由度，表示约束条件的个数。如果原假设成立，那么似然率统计量服从自由度为 k 的渐进卡方分布或者混合卡方分布，LR 大于临界值，则拒绝原假设，否则，接受原假设。lnLR = -80.751。

表 4-5　模型假设检验结果

原假设	极大似然值（$\ln L_U$）	似然率统计量（LR）	临界值（$\alpha=1\%$）
不存在技术无效率 $\mu=0$	-98.823	36.144	6.63
不存在技术变化 $\beta_t=\beta_{tt}=\beta_{Lt}=\beta_{Kt}=0$	-163.275	165.048	9.21
函数为 C-D 生产函数 $\beta_{tt}=\beta_{KK}=\beta_{LL}=\beta_{KL}=\beta_{Lt}=\beta_{Kt}=0$	-149.325	137.148	13.28

检验结果表明，在 1% 的显著性水平下，似然率统计量的值均大于相应的临界值，所以均可接受备择假设，说明本书选用的超越对数随机

生产函数模型是恰当的，需要考虑技术非效率因素的影响，而且存在技术进步，采用极大似然估计模型合适。

对于随机前沿模型的估计方法有极大似然估计和矩估计，在实证分析中，极大似然估计较常用。我们利用 Frontier 4.1 软件对模型（2）和模型（4）进行极大似然估计。对于运行结果，选择模型中涉及的各项参数，写成表 4－6 的形式。

表 4－6　随机前沿函数和技术无效函数的极大似然估计

随机前沿函数	系数	标准差	T 值
常数项	－0.206***	0.092	－2.239
t	0.114***	0.019	6.078
t^2	0.002**	0.001	1.992
$\ln K$	0.509***	0.045	11.311
$\ln L$	0.235***	0.023	10.217
$(\ln K)^2$	0.390***	0.062	6.290
$(\ln L)^2$	0.208***	0.043	4.837
$\ln K \times \ln L$	0.321***	0.061	5.262
$t \times \ln L$	0.062*	0.034	1.842
$t \times \ln K$	0.094**	0.045	2.086
技术无效函数			
常数项	－0.291**	0.139	－2.094
Z_1	－0.138***	0.032	－4.313
Z_2	－0.106***	0.015	－7.067
Z_3	－0.011**	0.005	－2.200
Z_4	－0.215***	0.046	－4.674
Z_5	－0.224***	0.018	－12.444
其他信息			
总体方差 σ^2	0.552***	0.062	8.882
方差比 λ	0.759***	0.031	24.521

续表

随机前沿函数	系数	标准差	T值
其他信息			
时变参数 η	-0.058	0.018	-3.273
无效平均值 μ	0.572		
对数似然函数值	-80.751		

注：*、**、***分别表示在10%、5%、1%的显著性水平下统计显著。1%、5%和10%显著性水平对应的临界值分别为2.576、1.96和1.645。

根据前面对模型各参数的解释，总体方差 $\sigma^2=0.552$，且统计显著，说明由随机误差项和技术非效率所导致的总体波动较大，这显然与农业受自然灾害等随机因素影响大有关；方差比 $\lambda=0.759$，且在1%的显著性水平下显著，说明技术非效率对农业的产出有显著影响，也说明其解释了随机前沿模型中总体波动的75.9%，进一步说明由随机前沿模型来估计参数是非常适合的。无效平均值 $\mu=0.572$，说明我国2004~2010年各省份农业生产普遍存在无效率现象，效率损失是造成农业效率低下的重要因素，农业生产效率有进一步提升的空间。时变参数 $\eta=-0.058$，统计符号为负，说明在我国农业生产活动中，技术无效率会随着时间的推移而递减，即农业技术效率会随着时间不断地提高。

在随机前沿函数中，分析结果显示：各变量前面的系数都是统计显著的，说明资本投入、劳动投入和技术进步对农业的产出都产生作用。但是劳动投入的产出弹性（0.235）较小，且小于它与资本投入乘积的系数（0.321），说明在样本期间，对于我国农业生产，单纯增加劳动力投入对产出增加的作用不大，只有将劳动力和其他要素，如资本等投入共同增加时，其对农业产出的作用会更大。时间变量系数显著，说明技术进步对农业产出的增加起重要的作用，并且它与资本、劳动的乘积在5%、10%的显著性水平下显著，但是系数相对较小，说明在我国农业生产中，技术进步与资本、劳动结合共同促进产出增加的作用不大，我国农业产出的增加一直依赖生产要素的高投入。$\beta_1+\beta_2<1$，说明我国的农业生产呈规模报酬递减趋势，这可能与我国农业的家庭化、小作坊式生产占主导的生产模式有关。因为分散的土地经营制约了农业机械化、高科技化的发展和规模效益的发挥，制约了农业生产力水平的提高。下面分析影响我国农业生产效率的因素。

在技术无效函数中，影响技术效率的各外生变量前面的系数统计显著，说明它们对我国农业生产的技术效率存在影响，这与预期一致。具体分析如下。

$\gamma_1=-0.138$，说明农业产业化发展水平对农业技术效率存在正向的影响，其每提高 1 个单位，会促使农业的技术效率提高 0.138 个单位。根据产业链理论，农业的产业链整合能力越强，越会倾向于将农资良种、科技推广、产品运输、农业信息和金融保险等为农业生产服务的环节内置，这些环节在创造自身利润的同时，也提高农业产业链其他各环节的运行效率，提升农业的获利能力。

$\gamma_2=-0.106$，说明农业专业化程度对农业技术效率存在正向的影响，其每提高 1 个单位，会促使农业的技术效率提高 0.106 个单位。这源自农业生产性服务业的发展，其发展是农业进一步深化分工、提升专业化程度的过程，一方面有利于农业企业更好地利用自身的资源，将优质资源集中在优势环节，提高企业乃至整个行业的资源配置和利用效率；另一方面，较高的专业化程度，可以为农业生产提供更加专业的生产性服务，同时也降低了交易成本，从而提高农业的生产效率。

$\gamma_3=-0.011$，说明农业生产性服务业规模水平对农业技术效率存在正向的影响，其每提高 1 个单位，会促使农业的技术效率提高 0.011 个单位，影响比预测的要小。这可能由于我国农业生产性服务业发展不成熟，专业化、市场化程度较低，导致市场竞争不规范，抬高了交易成本，抑制了农户对生产性服务外包的需求，说明在我国，生产性服务业尚没有发挥其在农业产业链中的应有“黏合剂”功能，导致 γ_3 取值较小，同时也说明农业生产性服务业在现阶段发展的必要性。

$\gamma_4 = -0.215$，说明农业政策环境对农业技术效率存在正向的影响，且影响较大，其每提高 1 个单位，会促使农业的技术效率提高 0.215 个单位。说明在现阶段，农业政策环境对农业生产性服务业的支持，有利于市场竞争的规范，使农业生产性服务业在农业产业链中的“黏合剂”功能有效发挥，从而提高农业的生产效率。

$\gamma_5 = -0.224$，说明我国城镇化水平对农业技术效率存在正向的影响，其每提高 1 个单位，会促使农业的技术效率提高 0.224 个单位。说明城镇化发展水平对我国农业获利能力的增加起着至关重要的作用。经过多年的发展，我国的城镇化已初具规模，根据 2012 年中国城镇化高层国际论坛会议数据，2011 年我国城镇化率达到 51.27%。在城镇化的推进过程中，城镇通过聚集大量的农业剩余人口、提供技术条件和资金积累、提供便捷的信息和交通服务等，为农业的规模化、专业化和信息化经营奠定基础，从而促进农业技术效率的提高和农业获利能力的增加。

五　结论与政策建议

本节选择 2004～2010 年我国 31 个省份的面板数据作为分析对象，采用随机前沿分析方法，从影响农业效率损失的角度，通过引入农业产业化水平、农业专业化程度、农业生产性服务业规模水平和政策环境等变量，检验了农业生产性服务业的发展对农业生产效率是否存在外溢效应，从而是否有利于提高农业的获利能力。结论表明：我国农业生产过程中普遍存在效率损失，通过人为因素，可以提高农业生产效率；提高农业产业化水平、农业专业化程度、农业生产性服务业规模水平、政策扶持力度和城镇化水平是提高农业生产效率进而提升农业获利能力的有效渠道，但是由于我国农业和农业生产性服务业的发展现状，农业生产性服务业提高农业生产效率的作用受到抑制。

基于以上实证分析的过程与结论，本书从以下方面提出相应的政策建议。

首先，要加快转变农业的生产经营模式，实现农业规模化经营。我国农业目前小规模的农户分散经营模式很大程度上阻碍了农业生产性服务业外溢效应的扩散，要改变这一局面，必须解决我国农村人多地少的现状，妥善处理好相对富余的农村劳动力转移和土地流转的问题。对于前者，可加快我国城镇化发展和新农村建设，鼓励农户从事非农产业，推动一部分劳动力向小城镇转移；同时发展面向农业的生产性服务业，就地转移部分劳动力。劳动力转移问题解决了，为土地加快流转提供了条件，允许土地使用权有偿转让，引导家庭农户自愿依法流转承包土地，实现农业的规模化经营，从而充分发挥农业生产性服务业对农业的外溢效应。

其次，要加快发展农业生产性服务业，提高其专业化、市场化、规模化程度。随着我国现代农业的发展，对面向农业的生产性服务业的需求逐渐呈现多层次性。但是目前我国农业生产性服务业发展不成熟，专业化、市场化、规模化程度较低，在一定程度上抑制了农业对其的需求，导致农业生产性服务业的供给与需求不对称。

再次，现阶段，农业政策环境因素对农业生产性服务业的支持是提高农业生产效率进而提升农业获利能力的有效渠道，就我国来看，由于服务业的改革和开放进度是滞后于农业的，提供服务的利润空间要比提供农业产品高。加之市场中介组织、法律制度环境等发育得仍不是很成熟，社会对商业违约、欺诈行为的发现、惩戒能力有限。

最后，完善城镇体系，加快城镇化相关体制的创新。城镇化发展水平是影响农业技术效率的重要因素之一，2011 年我国城镇化率达到 51.27%，城市常住人口首次超过农村，我国的社会结构已经进入一个崭新的阶段，因此完善并创新城镇化相关的体制是非常必要的。可以从户籍制度、土地制度、社会保障制度等方面进行完善和创新。比如，建立新的户籍管理制度体系，从制度上消除公民在城乡身份上的差异；对于土地制度，在保障国家土地所有权的基础上，保证农户通过土地租赁获得收益，便于土地规模经营，促进农业机械化的发展，迅速提高农业生产力水平；同时要扩大社会保障范围，加快失业保险、医疗保险、养老保险制度的改革，将进城的农民工纳入社会保障范围。

总之，在实际操作中，除了各级政府要积极重视农业生产性服务业的发展外，还要制定相应的优惠政策和措施，如税收优惠、政策补贴等，鼓励各类市场主体积极参与农业生产性服务业的生产和经营，形成以公共服务机构为依托、合作经济组织为基础、龙头企业为骨干、其他社会组织为补充，公益性服务和经营性服务相结合，专项服务和综合服务相协调的新型农业服务体系，并引导不同类型的农业生产性服务机构形成分工协作、优势互补的关系。

第三节　农业生产性服务业影响农业技术进步的机理

一　变量选择与数据说明

根据本书的研究目的，结合数据可得性，特界定生产性服务业包括以下行业：交通运输、仓储和邮政业，信息传输、计算机服务和软件业，批发和零售业，金融保险业，租赁与商务服务业，科研及技术服务和地质勘查业等。

根据第三章的理论分析，关于外溢渠道的影响因素，本书认为主要是分工水平和产业链的整合，而分工水平和产业链整合又取决于市场的交易成本和生产的迂回程度。

基于数据的可获得性，初步确定影响农业生产性服务业外溢效应的变量有农业技术水平、农业政策环境因素、城镇化水平以及农业生产性服务业发展水平，各变量分别界定如下。

农业技术水平（AT）。它是各地区农业生产的综合反映，农业技术水平的高低受多种因素的影响，在此采用《中国农村统计年鉴》中“各地区农村固定资产投向科学研究、技术服务和地质勘查业”的资金来衡量。

城镇化水平（UR）。城镇化的直接表现是农村人口由农村向城镇的迁移，现有文献常用城镇化率来表示城镇化水平，即城镇化率=城镇人口/总人口。

农业政策环境因素（AP）。中国的农业政策是政府为了农业发展而采取的各种政策措施，当前对农业生产影响较大的农业政策主要有粮食安全政策、提高农民非农收入政策、土地政策和农业环境政策等，难以量化，本书采用《中国统计年鉴》中“各地区财政支出用于农林水事务”的金额作为代理变量来衡量。

农业生产性服务业发展水平（AS）。根据相关文献，其可以用农业生产性服务业增加值衡量，也可以用从业人数衡量，本书采用农业生产性服务业从业人数占整个农业就业人数的比重来表示，更能客观地衡量各地区的农业生产性服务业的发展水平。

需要指出的是，本书是在新古典经济学体系框架下，基于农户的效应函数来分析农业生产性服务业对农业的外溢效应，现实中，本书认为由于农业生产性服务业对农业的外溢效应导致的农户的效应提高，主要体现在农业生产性服务业的发展会促使农业生产效率提高（通常农业生产效率的提高会提高农业的比较优势，提升农民的收入，带来农户效用的提高），所以衡量外溢效应的指标选择农业生产效率（AE）。

农业生产效率的测度至关重要，现有文献对其的测度方法非常多，有农业产出率、劳动生产率等基于非前沿方法的测算，也有基于DEA和SFA的前沿方法来测算农业技术效率。相比较而言，SFA更能全面反映中国农业生产效率，所以本书采用 SFA 对中国农业生产效率进行测度，选取《中国统计年鉴》中的“农林牧渔业的全社会固定资产投资总量”和“农林牧渔业从业人员数”作为投入变量，“农林牧渔业总产值”作为产出变量，利用 Frontier 4.1 软件直接输出中国各地区的农业技术效率值。

本书选择 2004～2011 年中国 31 个省份的面板数据为分析对象。由于中国在 2003 年执行了新国民经济行业分类标准，但是 2004 年《中国统计年鉴》中没有 2003 年“各地区按主要行业分的全社会固定资产投资”的数据。其中，除了衡量农业技术水平的数据来自《中国农村统计年鉴》，其他原始数据均来自 2005～2012 年《中国统计年鉴》。

需要说明的是，本书在测算中国农业生产效率时，出于数据的可比性考虑，用 2004 年价的第一产业 GDP 指数和固定资产投资价格指数分别对 2004～2011 年的农业总产值和农林牧渔业的全社会固定资产投资总额增加值进行调整。由于在统计年鉴中有 1978 年价的第一产业 GDP 指数和 1991 年价的固定资产投资价格指数，所以采用《中国国内生产总值核算历史资料》（1952～1995）提供的方法，先算出 2004 年价的第一产业 GDP 指数和固定资产投资价格指数，然后再进行调整，换算公式如下：

$$GDPI_t(2004=100)=100\times GDPI_t(1978=100)\div GDPI_{2004}(1978=100)$$

$$KI_t(2004=100)=100\times KI_t(1991=100)\div KI_{2004}(1991=100)$$

二　数据的统计描述

将整理过的 2004～2011 年中国各地区的农业技术水平（*AT*）、城镇化率（*UR*）、农业政策环境（*AP*）、农业生产性服务业发展水平（*AS*）、农业总产值（*AG*）、农业资本投入（*AI*）和农业劳动投入（*AL*）等各变量的统计数据输入 Eviews，可以得到各变量的一般描述统计特征，输出结果见表 4－7。

表 4－7　各变量的描述统计

	AT	*UR*	*AP*	*AS*	*AG*	*AI*	*AL*
均值	2. 087500	46. 69758	145. 7747	18. 63399	1758. 039	157. 2899	13. 27621
中位数	0. 600000	44. 78000	104. 1550	8. 295000	1438. 350	100. 1500	7. 500000
最大值	35. 60000	89. 30000	618. 1300	135. 9200	7409. 700	824. 1000	95. 70000
最小值	0. 000000	15. 66000	8. 590000	0. 640000	62. 70000	4. 600000	0. 500000
标准差	4. 195714	16. 06739	119. 3825	26. 02230	1430. 097	156. 2776	18. 66238
偏度	4. 056046	0. 786656	1. 296207	2. 260755	1. 120248	1. 742358	2. 945633
峰度	24. 30292	3. 622923	4. 357443	7. 433903	4. 162540	6. 190048	11. 89636
观测样本	248	248	248	248	248	248	248

根据表4-7，各变量248个样本数据的均值、中位数、最大值、最小值、标准差、偏度和峰度系数可以分别说明各变量样本数据的分布特征。各变量的偏度系数均大于0，说明各变量均呈右偏分布，峰度系数均大于3，说明各变量均呈尖峰的分布状态，加之各变量的其他统计量取值，说明各变量的样本数据差异性比较明显，适合实证分析。

三　平稳性检验和协整检验

出于稳健性角度，考虑到对变量取对数不影响变量之间的关系，同时又可以减弱截面数据存在的异方差，本书对变量取对数，采取四种方法进行检验。根据变量的时间序列图选择是否包含截距项和趋势项，Eviews输出结果见表4-8。

表4-8　各变量的单位根检验结果

检验方法	ln*AE*	ln*AE*	ln*AS*	Δln*AS*	ln*AP*	Δln*AP*	ln*AT*	Δln*AT*	ln*UR*	Δln*UR*
原假设：各截面序列均有一个单位根										
LLC检验	0.031	0.000	0.321	0.000	0.071	0.000	0.221	0.032	0.139	0.042
Breitung检验	0.092	0.011	0.629	0.000	0.397	0.000	0.229	0.072	0.232	0.031
原假设：各截面序列都含有单位根										
IPS检验	0.182	0.001	0.141	0.000	0.229	0.002	0.671	0.091	0.240	0.000
Fisher - ADF	0.087	0.000	0.093	0.000	0.098	0.000	0.103	0.062	0.083	0.073

注：①检验结果在Eviews 6.0中可以直接读出；表内数字为各检验统计量的伴随概率。②检验形式选择包含趋势项和截距项。③滞后阶数按AIC及SC最小准则确定，确定为滞后1阶。

根据表4-8，在上述四种检验方法中，各变量均存在单位根，是非平稳性变量，各变量均为一阶单整变量，变量之间可能存在协整关系，需要做进一步的协整检验。

面板数据的协整检验常用的方法有 Pedroni 检验和 Kao 检验，本书采用 Pedroni 检验方法。它以回归残差为基础构造出 7 个统计量，Eviews 输出检验结果见表 4－9。

表 4－9　面板数据模型的协整检验

组内检验统计量	Panel v-stat	Panelρ-stat	Panel PP-stat	Panel ADF-stat
伴随概率	0.0438	0.0326	0.0128	0.0224
组间检验统计量	Groupρ-stat	Group PP-stat	Group ADF-stat	
伴随概率	0.5824	0.3321	0.0182	

由表 4－9 看出，除了 Groupρ-stat 和 Group PP-stat 外，其余 5 个统计量检验均拒绝原假设。综合来看，考虑各变量在 5% 的显著性水平下存在协整关系。

四　计量结果及结果分析

面板数据模型通常有混合模型、固定效应模型和随机效应模型，后两种模型都存在个体效应和时点效应模型。考虑到中国各省份农业和生产性服务业的发展状况存在差异，同时模型仅就中国各省份的数据资料进行研究，不涉及以样本对总体效应进行推论，而且所分析的数据为短期面板数据，符合个体固定效应模型。为了充分说明模型选择的合理性，可以通过 F 检验和 Hausman 检验进行选择，两者用来判断模型中是否存在个体固定效应。Eviews 输出结果见表 4－10。

表 4－10　面板数据模型的设定检验

检验方法	原假设	检验统计量	伴随概率
F 检验	Bi = B0（混合效应模型）	10.319	0.0001
Hausman 检验	个体效应与回归变量无关（个体随机效应模型）	13.822	0.0000

根据表4－10，F检验和Hausman检验的伴随概率均远远小于5%，表明应拒绝原假设，接受备择假设，说明应该建立个体固定效应模型。

由于本书检验的是农业生产性服务业对农业的溢出效应，同时也检验农业技术水平（*AT*）、农业政策环境因素（*AP*）以及城镇化水平（*UR*）对农业生产性服务业外溢效应的影响程度，所以在模型中引入各变量与农业生产性服务业（*AS*）的交互乘积项来反映各变量对农业生产性服务业外溢效应的影响程度。但考虑到同时引入可能会出现较严重的多重共线性，所以分步引入建立模型。考虑到面板数据模型中的截面数据会存在异方差，在建立模型时对各变量进行对数变换，这样既不改变原来变量之间的关系，还可以减弱模型存在的异方差问题。建立模型如下：

$$
\begin{cases}
(\ln AE)_{it} = a_{0i} + a_1(\ln AS)_{it} + a_2(\ln AT)_{it} + a_3(\ln AP)_{it} + a_4(\ln UR)_{it} + \\
\qquad a_5(\ln AS \times \ln AT)_{it} + \mu_{1it}, (1) \\
(\ln AE)_{it} = b_{0i} + b_1(\ln AS)_{it} + b_2(\ln AT)_{it} + b_3(\ln AP)_{it} + b_4(\ln UR)_{it} + \\
\qquad b_5(\ln AS \times \ln AP)_{it} + \mu_{1it}, (2) \\
(\ln AE)_{it} = c_{0i} + c_1(\ln AS)_{it} + c_2(\ln AT)_{it} + c_3(\ln AP)_{it} + c_4(\ln UR)_{it} + \\
\qquad c_5(\ln AS \times \ln UR)_{it} + \mu_{1it}, (3)
\end{cases}
\tag{4.22}
$$

式（4.22）的3个模型中，$i=1$，…，31，$t=1$，…，8，说明包含31个截距，即每个个体都对应一个不同截距的模型，但每个个体的回归函数所对应的斜率都相等，截距项包含那些随个体变化但不随时间变化的变量的影响。对于面板数据模型参数的估计通常采用Pooled OLS方法，但是如果模型存在个体固定效应，Pooled OLS估计量往往不具有一致性，本书采用离差变换（within）OLS进行参数估计，即先将面板数据中每个个体的观测值变换为对其平均数的离差观测值，再利用离差变换数据估计模型参数，可得到参数的有效一致估计量。Eviews 输出结果见表 4-11。

表 4-11 Panel Data 模型估计结果

变量	模型（1）	模型（2）	模型（3）
截距项	20.09*** （12.391）	16.841*** （9.172）	19.297** （3.298）
ln*AS*	0.091** （3.921）	0.112*** （7.391）	0.103*** （12.284）
ln*AT*	0.228*** （15.821）	0.176*** （10.672）	0.241*** （9.901）
ln*AP*	0.102*** （9.281）	0.097** （4.012）	0.127*** （11.982）
ln*UR*	0.132*** （7.291）	0.106** （3.902）	0.122*** （9.092）
ln*AS* × ln*AT*	0.063*** （10.298）	—	—
ln*AS* × ln*AP*	—	0.0722*** （17.291）	—
ln*AS* × ln*UR*	—	—	0.095*** （13.289）
	Adj - R^2 = 0.897，F = 461.524	Adj - R^2 = 0.921，F = 512.87	Adj - R^2 = 0.902，F = 497.021

注：①Eviews 输出结果忽略了个体固定效应部分。②*、**、*** 分别表示在 10%、5% 和 1% 的显著性水平下显著，括号内的数字为相应回归系数的 t 值。

根据表 4-11，各变量前面的系数均至少在 5% 的显著性水平下通过检验，说明各变量显著，是影响农业生产效率的因素。各回归方程的 Adj - R^2 分别为 0.897、0.921、0.902，说明回归方程拟合得很好，整个农业生产效率总变差的 89.7% 以上都可以由回归方程来解释，相应的 F 统计量分别为 461.524、512.872、497.021，说明各回归方程整体统计显著。

从解释变量前的系数来看，变量 ln*AS*、ln*AT*、ln*AP* 和 ln*UR* 等变量前面的系数均大于 0，说明农业生产性服务业发展水平、农业技术水平、农业政策环境因素和城镇化水平等对于我国农业生产效率的提高均起到正向的推动作用。可以看出，农业生产性服务业每提高 1%，可直接促进农业生产效率平均提高10%以上。现有研究一致认为农业生产性服务业的发展对农业效率的提高具有促进作用，本书从实证的角度证实了这一结论，同时与前面的理论分析一致。其中的影响机制可以用生产性服务业的特点和功能来解释。生产性服务业作为农业生产过程中的中间投入要素，在满足农业服务外包需求的发展过程中，其自身的业务水平也不断提高，自身的规模不断壮大，生产性服务业规模的扩大，会产生规模经济效应和学习效应，提高了自身的要素生产率，也有助于实现农业生产方式和组织方式的变革，提高农业产业链各环节的运行效率。同时生产性服务业提供服务所产生的成本也在不断降低，可以促使农业进一步分工，提高其生产效率。但是与现有研究不同的是，农业生产性服务业对农业效率的促进作用较小，原因可能在于我国农产品市场基本上处于不完全竞争状态，分散的农户生产和经营模式造成信息不完全性，导致市场交易成本很高，极大地降低了农业的经济效率。同时我国生产性服务业面临服务对象比较分散、集聚程度偏低等情况，由此带来生产性服务业发展比较滞后、不成熟、规模较小、专业化和市场化程度较低等一系列问题，影响了其对农业效率的作用。

再来看各变量与农业生产性服务业的交互乘积项，进一步分析各变量如何影响农业生产性服务业对农业的外溢效应。

根据模型（1），变量 $\ln AS \times \ln AT$ 的系数反映了农业技术水平正向调节农业生产性服务业的外溢效应，农业技术水平越高，越有利于促进农业生产性服务业对农业的外溢效应，但是促进作用较小。现有研究一致认为农业技术发明和传播对于农业生产效率的提高有重要作用，本书的结论也证明了这一点，当前我国农业经济增长方式已经由资源型增长转向科技型增长，农业新技术正逐步取代常规技术，逐步促进农业发展[21]，这可以解释农业技术对农业生产效率的直接影响最大。但是我国农业技术革新对资本的引致作用，以及农业技术对资本、土地和劳动等生产要素的配置优化能力还没有得到有效的释放，导致我国农业生产模式依然是家庭化、小作坊式生产占主导，很难进行规模化生产和经营，在一定程度上制约了其进一步深化分工、提升专业化程度，由此减少了对农业生产性服务的中间需求，导致我国生产性服务业总量偏低，生产性服务业与农业的结合不够紧密，所以农业技术对于农业生产性服务业的外溢效应促进作用较小。

根据模型（2），变量 $\ln AS \times \ln AP$ 前面的系数反映了农业政策环境正向调节农业生产性服务业的外溢效应，农业政策环境越完善，越有利于促进农业生产性服务业对农业的外溢效应。说明现阶段我国实施的农业政策促进了农业生产性服务业对农业的外溢效应。我国自 1985 年开始实行家庭联产承包责任制，2004 年提出“工业反哺农业”政策，至今已经出台了一系列的“三农”政策，如取消农业税、增加农业补贴等，制度的变革和政策的调整在直接促进我国农业生产效率提高的同时，也会促进农业生产性服务业对农业的外溢效应。但是生产性服务业外溢效应的溢出也需要有完善的制度环境作支撑，我国长期的“重工轻农”导致农业在产业发展中配置资源的基础性作用大大削弱，2010 年我国农业中间投入中生产性服务所占比重只有 12%，远低于美国的 32.6%、德国的 28.4%、日本的 26.6%，由于投入不足，服务业创新不足，经营效率低下，在一定程度上也制约了农业生产性服务业的溢出效应[20]。

根据模型（3），变量 $\ln AS \times \ln UR$ 的系数反映了城镇化水平正向调节农业生产性服务业的外溢效应，城镇化水平越高，越有利于促进农业生产性服务业对农业的外溢效应。经过多年的发展，我国的城镇化已初具规模，根据 2012 年中国城镇化高层国际论坛会议数据，2011 年我国城镇化率达到 51.27%。农业人口向城镇聚集，可以提高农村人均耕地占有量，推动农村土地相对集中，同时提供相应的技术支持和资金、便捷的信息和交通服务等，为农业的规模化、专业化和信息化经营奠定基础，从而促进农业生产效率的增加。此外，城镇作为城乡沟通的枢纽和桥梁，将农村市场纳入城市市场体系中，可以使农民方便地获得农业生产技术和市场需求信息，降低流通成本，提高交易效率，引导农民以市场需求为导向组织生产，调整农村经济结构，克服农业生产的盲目性，为农业产前、产中、产后提供规范化服务，极大地促进农业生产服务业对农业的外溢效应。

本书在基于分工和超边际分析的新古典经济理论框架下，分析了农业生产性服务业对农业的溢出效应，认为农业生产性服务业对农业产生外溢效应的基本动力源于专业化分工，微观上基于对农业产业链的整合。农业技术水平、农业政策环境因素、城镇化水平和农业生产性服务业发展规模等因素在不同程度上促进了农业社会分工和专业化生产，农业生产服务的外部化、市场化和产业化发展是农业社会分工和资源配置从农户或涉农企业内部向市场的自然扩展，伴随这一过程，农业的产业链会不断延伸和拓宽，同时农业和整个经济的资源配置和利用效率会得到提高，农业生产性服务业对农业的外溢效应会充分发挥。本书接着通过构建一个面板数据模型，利用我国 2004 ~ 2011 年 31 个省份的统计数据验证了上述观点。从实证结果中可以得到以下结论：第一，农业技术水平、农业政策环境因素、城镇化水平和农业生产性服务业发展规模等对我国农业生产效率的直接影响显著，是提高农业生产效率、促进现代农业发展的重要影响因素；第二，城镇化水平、农业政策环境、农业技术水平等因素正向影响农业生产性服务业对农业的外溢效应。

第四节　农业生产性服务对农业技术进步贡献的外溢效应

一　研究综述

国外关于影响农业技术进步的研究主要集中在以下几个方面。①农业技术进步的资源禀赋影响研究。速水佑次郎和拉担（2000）认为劳动比较稀缺的国家会偏向以农业机械性技术进步模式来替代价格昂贵的劳动力，而土地比较稀缺的国家会偏向以生物化学性技术进步模式来扩大土地的产量[145]。②农业技术进步的市场结构影响研究。熊彼特（1942）提出完全竞争不利于创新活动，技术进步需要大厂商的推动[146]；舒尔茨（1999）认为，改造传统农业需要通过技术进步找到新的更富效率生产要素[147]。③农业技术进步的生产性服务支持影响研究。格鲁伯、沃克（1989）最早用生产迂回学说阐述了生产性服务业对生产过程和生产效率的影响[2]。Alston（2011）研究表明生产性服务业可以促进技术进步，从而成为改造传统农业的必由之路[103]。

国内影响农业技术进步的研究主要围绕以下几个方面展开。①围绕制度变迁对农业技术进步影响的研究。林毅夫（1994）认为制度变迁是发展中国家经济发展的一个组成部分[148]。车维汉和杨荣（2011）则对中国土地制度对农业技术进步的影响进行了研究[149]。②农村金融发展对农业技术进步的影响研究。曹冰玉和雷颖（2010）的研究表明农业技术进步对农村金融发展有着积极的影响[150]。宋春光和那娜（2010）、尹雷和沈毅（2014）基于面板数据的随机前沿分析模型，分别研究了合作金融和政策性金融对农业技术进步效率的影响[151][152]。③农业推广体系建设对农业技术进步的影响研究。刘志扬（2007）主张建立一套技术推广的激励制度以促进农业技术进步[153]。高启杰（2010）等提出了分地区分类型确定农业技术推广模式的优化组合以促进农业技术进步[154]。④农业劳动力流动对农业技术进步的影响研究。肖琳子和肖卫（2014）研究了劳动力流动与农业技术进步的关系[155]。赵德昭和许和连肖（2014）则基于“合力模型”的理论研究了FDI、农业技术进步与农村剩余劳动力转移的关系[156]。

二　农业生产性服务对农业技术进步贡献的外溢机理分析

农业生产性服务业源于专业化分工。一方面，它直接延伸了农业生产的步骤，作为专业化的服务机构，它将更多的专业技能和资本导入农业生产过程，使农业生产者和技术提供者可以专注于自身的相对优势禀赋，加快新知识、新技术、新成果转变为现实生产力，提高农业技术进步的扩散效率，进而又促进农业技术的发展水平和其农业增长贡献率的提高。另一方面，农业生产性服务可以间接地将技术创新中的市场风险和纯粹不确定性风险分散给不同的农业生产者和投资者，可以通过选择富有市场潜力和高附加值的技术项目，并通过创新的农村金融服务为这些项目提供资金，降低农业技术开发的风险，有利于提升不同创新主体的创新活动的有效性，同时可以通过资本市场引导农业科技资源向这些项目转移，促进技术进步有效性的发挥（见图4－1）。

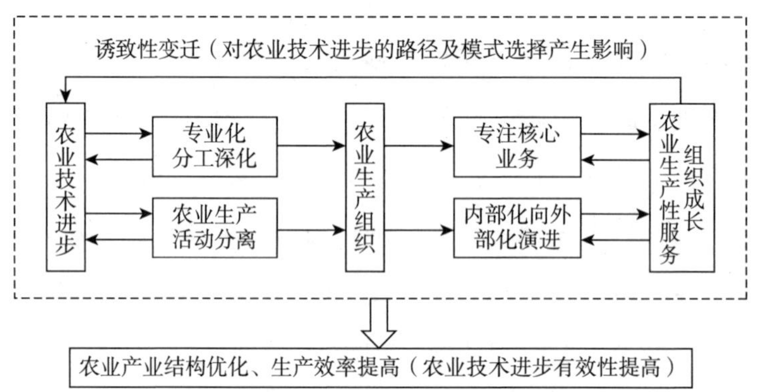

图4－1　生产性服务对农业技术进步贡献的外溢机理

三　农业生产性服务业对农业技术进步贡献外溢模型的构建

新经济增长框架中，有Grossman、Helpman（1994）等为代表的各种知识模型、Lucas为代表的人力资本模型以及Romer为代表的干中学等技术进步内生模型[157]。同时，也有大量研究表明，生产性服务业是技术进步的重要影响因素。国内外一些学者如 Ten Raa 和 Wolffii（2001）也用一些数据实证检验了生产性服务业与制造业全要素生产率（TFP）之间的正相关关系[158]。

传统的 Cobb - Douglas 生产函数为：

$$G = AL^{\alpha}K^{B} \tag{4.23}$$

本书则以新增长理论框架为基础，假定农业生产性服务直接影响农业全要素生产率，从而建立农业生产性服务内生技术进步的模型如下：

$$A_t = C_t(1 + \delta S_t)P_t^{\varphi} \tag{4.24}$$

其中，G_t、L、K、S_t、P_t 分别代表农业产值、农业劳动力投入、农业资本存量、农业生产性服务产值占农业产值的比重和农业生产性服务产值。A_t 为 t 时期的全要素生产率（代表农业技术进步对农业增长的贡献），它是由农业生产性服务产值以及生产性服务产值的比重来内生化决定的。这里 φ 是生产率弹性系数（生产性服务比农业技术进步相比），反映农业生产性服务直接的技术转移，δ 农业生产性服务产值占产值比重的弹性系数，它表示的是农业生产性服务间接的农业技术贡献外溢效应的大小，如 δ 为 0，则公式（4.24）为：

$$A_t = C_tP_t^{\varphi} \tag{4.25}$$

此时农业生产性服务业对技术进步贡献的作用仅限于直接效应。如果 δ 取值为正，表明农业生产性服务业对农业技术贡献的提高有着正向外溢作用，如果 δ 值为负，则表明农业生产性服务业对农业技术进步贡献率提高有着负向牵制作用。C_t 为其他因素对农业全要素生产率的影响残值（影响农业技术进步贡献的未知因素）。由公式（4.24）可得，正如前面分析的，农业生产性服务业通过影响农业技术进步对农业的贡献率，通过农业生产性服务业对农业技术直接的技术转移 φ 和农业生产性服务业间接的技术外溢 δ 来促进农业的内生增长。将公式（4.24）代入式（4.23），可得到：

$$G_t = C_t(1 + \delta S_t)P_t^{\varphi}L_t^{\alpha}K_t^{\beta} \tag{4.26}$$

式（4.26）两边同时取自然对数，得到：

$$\ln G_t = \ln C_t + \ln(1 + \delta S_t) + \varphi \ln P_t + \alpha \ln L_t + \beta \ln K_t \tag{4.27}$$

根据近似估计原则，当 a 很小时，$\log(1+a) \approx a$，对式（4.27）中的 $\ln(1+\delta S_t)$ 作近似估计，则公式可写成：

$$\ln G_t = \ln C_t + \delta S_t + \varphi \ln P_t + \alpha \ln L_t + \beta \ln K_t \tag{4.28}$$

四　变量及数据说明与计量分析

（一）变量选择与数据说明

基于上述的理论分析，本书构建面板计量模型如下：

$$\ln G_{it} = \ln C_{it} + \delta S_{it} + \varphi \ln P_{it} + \alpha \ln L_{it} + \beta \ln K_{it} \tag{4.29}$$

在这里，i、t 分别是省份和时间变量；G_{it}代表农业总产值，本书采用“农林牧渔业总产值”衡量。

各自变量分别界定如下。

S_{it}代表农业生产性服务占产值的比重，本书采用农业生产性服务业从业人数占整个农业就业人数的比重来代表中国农业生产性服务业的整体水平。

P_{it}代表农业生产性服务产值，本书用农业生产性服务业增加值衡量。

L_{it}代表农业劳动力投入，本书用农林牧渔业从业人员数衡量。

K_{it}代表农业资本存量，本书用农林牧渔业的全社会固定资产投资总量衡量。ε 是特异性误差，C_t 表示影响农业技术进步的其他不确定因素。

本书所用数据为2004～2012年中国31个省份的面板数据（各年的《中国统计年鉴》）。

（二）数据的统计描述

将整理过的2004～2012年中国各地区的农业总产值G、农业生产性服务业发展水平S、农业生产性服务业增加值P、农业劳动投入L及资本投入K等各变量的统计数据输入Eviews，可以得到各变量的一般描述统计特征，输出结果见表4－12。

表4－12　各变量的描述统计

	Y	S	P	L	K
均值	1758.039	18.63399	40.439	13.27621	157.2899
中位数	1438.350	8.295000	32.315	7.500000	100.1500
最大值	7409.700	135.9200	174.709	95.70000	824.1000
最小值	62.70000	0.640000	1.304	0.500000	4.600000
标准差	1430.097	26.02230	30.056	18.66238	156.2776
偏度	1.120248	2.260755	1.3482	2.945633	1.742358
峰度	4.162540	7.433903	6.25132	11.89636	6.190048
观测样本（个）	279	279	279	279	279

根据表4－12，各变量279个样本数据的均值、中位数、最大值、最小值、标准差、偏度系数和峰度系数可以分别说明各变量样本数据的分布特征。各变量的偏度系数均大于0，说明各变量均呈右偏分布，峰度系数均大于3，说明各变量均呈尖峰的分布状态，加之各变量的其他统计量取值，说明各变量的样本数据差异性比较明显，适合实证

分析。

（三）平稳性检验和协整检验

为避免经济变量非平稳导致虚假回归现象，本书先对面板数据进行单位根检验和协整检验，变量单位根检验结果是各检验统计量的伴随概率，见表4－13。

表4－13　检验结果

检验方法	ln*G*　Δln*G*	ln*S*　Δln*S*	ln*P*　Δln*P*	ln*L*　Δln*L*	ln*K*　Δln*K*
Breitung 检验	0.0063　0.0081	0.563　0.000	0.356　0.000	0.249　0.064	0.199　0.041
LLC 检验	0.033　0.001	0.243　0.000	0.057　0.000	0.211　0.041	0.142　0.034
Fisher－ADF	0.061　0.000	0.093　0.000	0.065　0.000	0.133　0.052	0.075　0.054
IPS 检验	0.149　0.001	0.159　0.000	0.183　0.002	0.467　0.075	0.238　0.000

由表4－13可以得到，各变量的伴随概率在四种检验方法中都大于5%，因此是非平稳性变量。进行一阶差分后，各变量一阶单整，为进一步验证变量之间协整关系是否存在，我们采用Pedroni方法进行7组检验。检验结果见表4－14。

表4－14　面板数据模型的协整检验

组内检验统计量	Panel v-stat	Panelρ-stat	Panel PP-stat	Panel ADF-stat
伴随概率	0.0438	0.0326	0.0128	0.0224
组间检验统计量	Groupρ-stat	Group PP-stat	Group ADF-stat	
伴随概率	0.5824	0.0321	0.0182	

由表4－14可看出，除了Groupρ-stat统计量的伴随概率较大程度接受原假设外，其余检验均在5%的显著性水平拒绝“不存在协整关系”假设，因此，可以认为各变量存在协整关系。

（四）计量结果及结果分析

本书分别采用固定效应与随机效应估计法对模型进行估计，其结果见表4－15。

表4－15　Panel Data 模型估计结果

变量	固定效应模型	随机效应模型
截距项	30.14 *** (9.213)	28.729 ** (4.334)
$\ln S$	0.168 *** (12.334)	0.202 *** (8.702)
$\ln P$	0.086 ** (4.219)	0.115 *** (8.284)
$\ln L$	0.102 *** (9.281)	0.127 *** (11.982)
$\ln K$	0.232 *** (7.833)	0.222 *** (8.125)
F 检验	16.326 (0.001)	
Hausman 检验	33.218 (0.000)	
	Adj－R^2 =0.912，F =352.614	Adj－R^2 =0.872，F =59.021

注：*，**，***分别表示在10%、5%和1%的显著性水平下显著，括号内为相应回归系数的t值。

根据表4－15，总体来看，模型各变量系数多在1%的显著性水平下通过检验。回归方程的Adj－R^2为0.912，说明回归方程拟合得很好，整个农业生产总值总变差的91.2%以上都可以由回归方程来解释，相应的F统计量为352.614，说明各回归方程整体统计显著。

从解释变量的系数来看，变量$\ln S$、$\ln P$、$\ln L$和$\ln K$等的系数均大于0，说明4个变量对于中国农业生产率的提高均起到正向的推动作用，除了农业劳动投入和资本投入对农业的影响外，本书更关注的$\ln S$、$\ln P$的系数δ和φ均为正值，这也验证了本书的推断，表明农业生产性服务业的发展对农业技术进步贡献率具有正向外溢效应，其中δ值为0.168，φ值为0.086，δ值明显大于φ值，这说明目前中国农业生产性服务业对农业技术进步的贡献以直接影响为主。以直接影响为主可能由于当前中国农业经济增长方式已经由资源型增长转向技术型增长，农业生产性服务投入作为中间投入要素，可以满足农业生产过程中的专业化外部需求，从而促进农业技术进步。对农业技术进步贡献率的间接影响较小可能由于中国农业的生产模式依然是家庭化、小作坊式生产占主导，一定程度上制约农业生产分工的进一步深化，导致中国农业生产性服务业与农业的结合不够紧密，削弱了农业生产性服务业对农业技术进步贡献率的间接支持作用。

第五节　农业生产性服务业对中国城镇化外溢的门槛效应研究

一　引言

城镇化是世界各国经济现代化过程中必经的阶段，西蒙·库兹涅茨（1966）出版了《现代经济增长》一书，较早地提出，城镇化过程表现为劳动人口向农业、工业以及服务业转移[21]。城镇化是我国经济发展的主要驱动力量和扩大内需的重要手段。党的十八大报告明确指出，城镇化是现代化的必由之路，积极稳妥地推进城镇化，是解决我国“三农”问题，实现我国全面建成小康社会的主要途径。城镇化的发展与经济的发展一脉相连，纵观历史可以看出，它随着人类社会生产力的发展而发展。从国外发展的经验来看，城镇化的发展主要有三种模式，一是西欧、英、德的市场主导型城镇化加国家宏观指导为辅的发展模式；二是以美国为代表的以市场为主导的低密集度蔓延的城镇化；三是以拉美、非洲等地区的发展中国家为代表的缺乏产业支持的过度城镇化。相对而言，前两种模式的城镇化取得了成功，而第三种模式的城镇化发展呈现产业发展水平跟不上导致的“大城镇病”。目前我国户籍人口城镇化率只有36%左右，不仅与发达国家的80%相差甚远，也低于与我国人均收入类似的发展中国家。由此可知，我国城镇化的发展空间还很大，与我国2020年实现常住人口城镇化率60%、户籍人口城镇化率45%的目标还有一定的差距。

对中国而言，城镇化有利于扩大内需、拉动投资、促进体制改革、改善城乡二元结构和切实提高城乡居民生活水平，从而成为中国经济增长和社会进步的不竭动力，主要体现在它是农村的生产要素，包括土地、劳动力、资本等不断向城镇转移和集聚的过程，城镇化的本质是空间结构、经济结构、社会结构和文化结构进行良性而有序的变迁。

从国内相关研究来看，有关城镇化建设问题，主要有以下观点，一是主张以政策支持为主导。张景华（2013）认为税收作为国家宏观调控的重要杠杆，与城镇化之间存在高度相关关系，可通过对税收体制深层次改革发展新型城镇化[159]；裘兆宇（2014）认为随着城镇化的发展，金融需求总量迅速增长，金融需求主体趋向多元化，应该充分利用金融机构对城镇化发展的作用，加快建设城镇化中的金融服务体系[160]；薛翠翠、冯广京和张冰松（2013）从土地财政代偿机制出发分析推进中国新型城镇化需要建立完善的土地财政体制[161]。二是主张国家宏观调控与市场调节相结合。杨仪青（2013）分析国外城镇化发展的历程，提出改变经济增长方式、进行产城融合、构建城乡一体化来促进新型城镇化的发展[162]；苗建萍（2012）通过分析新型城镇化与新型工业化的互动发展机制，认为工业化与城镇化处于良性互动状态，二者互为动力，共同发展。二者互动发展机制的实现，需要政府为主导，充分发挥市场调节作用，结合城乡一体化，加快要素流动，达到共同发展[163]。

但就中国城镇化的总体发展状况而言，还存在农村经济发展水平落后、城乡收入差距大、城镇化建设不平衡等问题。本书认为，城镇化与中国的产业结构优化升级、扩大国内需求和全面建成小康社会息息相关。它不同于过去的单纯片面追求城市规模的扩大和空间扩张，而是城镇化质量提升的建设，因此如何高质量推进中国的城镇化建设就是一个亟待研究的命题，与此同时，国外发展经验表明，人口和城镇化的双重集聚效应一定伴随着社会对生活和生产性服务业需求的增加，Coffey 和 Bailly（1991）研究表明生产性服务业的发展对城镇化发展模式具有直接影响[164]；Brutzkus、Eliezer（1975）对多个国家城镇化发展与产业结构变动关系进行比较分析，探究了生产性服务业与城镇化之间的互动关联性，认为服务业发展对城镇化发展的推动力日益显著[165]。整体而言，国内关于农业生产性服务业影响城镇化建设的直接研究比较少，只有薛贺香（2013）实证研究指出农业生产性服务业对城镇化有着直接的推动作用[122]；郝爱民（2013）的研究表明城镇化有利于农业生产性服务业外溢效应的发挥[126]。不过，现有相关文献虽然认为农业生产性服务业对城镇化有着直接的推动作用，却没有考虑其对于城镇化的门槛效应。本书认为，农业生产性服务业对城镇化外溢效应的发挥是一个复杂的过程，农业生产性服务业需要跨越一定的门槛，才能发挥更大的作用。因此，在已有相关文献研究的基础上，本书试图分析农业生产性服务业对城镇化的外溢机理，进一步探讨农业生产性服务业对中国城镇化建设的影响，以及这种影响是否连续，是否存在重要拐点。并以农业生产性服务业的发展指标（农业生产性服务业的从业人数占整个农业就业人数的比重）作为门限变量，构建一个单门槛效应估计模型，探讨农业生产性服务业是否对中国城镇化具有门槛效应，进而提出有益的政策启示。

二　农业生产性服务业对城镇化的外溢机理分析

本书认为城镇化不仅使人口向城镇聚集，同时也促进产业在一定区域内集聚，城镇化的深入离不开农业生产性服务业的发展，农业生产性服务业对城镇化的外溢机理分析见图 4 – 2。

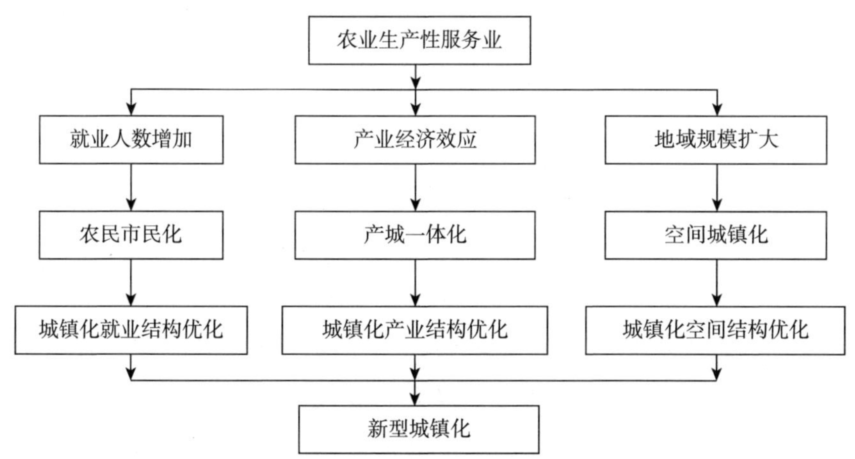

图4－2　农业生产性服务业对城镇化的外溢机理

（一）农业生产性服务业夯实了城镇化的基础

随着经济现代化的加速、人们的生活和生产方式的改变以及信息时代的到来，促进农业现代化的新兴的农业生产性服务业逐渐出现，生产性服务发展能够提供城镇化所需要的大量食物、资本、优质劳动力等资源，农业生产性服务业的调整和优化还会推动劳动力在产业间的重新分配，可以增加农村就业人口，同时，农业生产性服务业的增长也促进了城镇规模及空间的拓展，提升城镇化水平，使城市的功能以及城市对周边小城镇的辐射力度越来越强，日益成为城镇化的重要基础。

（二）农业生产性服务业的经济集聚效应加速了城镇化的推进

农业生产性服务业在整个农业生产过程中有着调节和润滑经济的辅助作用，尤其是农村生产性服务业可以提供农业生产基础设施、设备，给农户创造良好的生产环境，方便人们的生产、生活。农资供应服务、农业科技服务、农产品物流配送服务、农业咨询服务、农村金融保险服务、农产品营销服务等各类农业服务为农业生产提供服务，加快了农村经济发展和集聚，如果离开了这些服务，城镇化建设将受到影响，可以说，农业生产性服务业在集聚农村经济过程中发挥着产业支撑的重要作用，促进了城镇产业结构和空间结构的优化，加快了农村转化为城镇的步伐，也对促进城市的集聚发挥了自己独特的成效。

（三）农业生产性服务业发展能够促使城镇可持续发展

农业生产性服务业结构转变将引起资本转移，由最初以自然资本为主导发展成以金融资本为主，最后甚至演变为以人力资本为主导。这个过程促进了城镇人力资源结构转变和规模的提升，对于提升城镇的竞争能力以及激发其潜力有着很大的成效，另外，农业生产性服务业的优化伴随着农业的管理层次、资本市场、技术水平的发展，这对于发展缓慢的中小城镇有很强的推动力。主要表现在两方面：一是产业的集聚优化使得人们共享管理层面的知识、促进人与人之间的相互沟通、交流，有助于培养更高层次的农业人力资源以及改善相关的农技水平；二是对于提升城镇的容纳力、完善城镇中相关的配套设施有很大的推动作用。同时，农业生产性服务业的进步对于农业产业结构的优化升级，现代农业、生态农业、绿色农业发展有巨大的促进作用。

（四）农业生产性服务业的发展加速了农民市民化的过程

根据国家统计局的数据，2004～2013 年城镇人口增加了 26%，城市建设用地却增加了 35%。人口城镇化小于土地城镇化。农业生产性服务业属于劳动密集型产业，具有较强的吸纳劳动人口就业的能力，有着较高的就业弹性，城市就业岗位无法承受大量的人口迁移，因而需要在农村地区发展劳动密集型产业来吸纳劳动者就业，农业生产性服务业能够满足劳动者不同的就业岗位需求。研究证明，在三大产业中，第二产业的就业人数呈倒 U 形变动，即先上升，后停滞在某一数值，第三产业成为主要的提供就业岗位的产业，随着经济的不断发展，农业生产性服务业作为一种新兴的行业，可以有力地吸纳和培训农村剩余劳动力，促进农村人口向城镇区域集中，加速农民市民化的过程。从这个意义上说，农业生产性服务业的发展对吸纳农村劳动人口就业以及提升城镇化水平都有着重要的作用。

三　模型构建与估计方法

（一）门限变量的选取

从现有的研究文献来看，农业生产性服务业的发展对中国新型城镇化建设的显著影响主要体现在两个方面：一是农业生产性服务业通过吸纳农村劳动力来提高农村人口就业率，以间接影响中国新型城镇化的建设；二是农业生产性服务业集聚直接促进了新型城镇化。为探讨农业生产性服务业是否对中国新型城镇化具有门槛效应，本书选取农业生产性服务业的发展水平（交通运输与邮电业、零售与批发业、房地产业、金融业、其他农业服务业等从业人数占整个农业就业人数的比重）作为农业生产性服务业指标，并以这个指标作为门限变量。通过估计门限值（农业生产性服务业发展指标影响城镇化率的重要拐点）来刻画农业生产性服务业发展对城镇化率的影响，具体分析农业生产性服务业对中国新型城镇化建设的门槛效应。

（二）门槛效应模型的构建

农业生产性服务业的发展水平指标，即农业生产性服务业的从业人数占整个农业就业人数的比重，可有效反映农业生产性服务业发展水平，此处用 X_t 表示。出于数据可得的原因，本书选择反映一般城镇化水平的城镇化率指标（城镇化率 = 城镇人口/总人口），此处用 Y_t 表示。因此，本书建立如下简单的门限回归模型：

$$Y_t = \beta_1 X_t + \mu_t, \text{若 } \eta_t \leq \gamma \tag{4.30}$$

$$Y_t = \beta_2 X_t + \mu_t, \text{若 } \eta_t > \gamma \tag{4.31}$$

其中，Y_t表示城镇化率，β_1、β_2 表示估计参数，X_t为投入的农业生产性服务业指标变量，η_t 为门限变量（解释变量 X_t的一部分），γ 为待估计的门限值，μ_t表示与 X_t 不相关的误差扰动项（$t=1$，2，…，8）。

为了分析研究变量存在的非线性门槛效应，本书把农业生产性服务业的发展指标 X_t 作为门限变量。考虑到在各地城镇化推进过程中，存在农业生产性服务业发展水平不一致的现象，本书把 U_t设置为误差项，把 X_t 作为核心变量，构建一个单门槛效应方程：

$$Y_t = \beta_1 X_t \cdot 1(\eta_t \leqslant \gamma) + \beta_2 X_t \cdot 1(\eta_t > \gamma) + \mu_t \tag{4.32}$$

其中 1（·）为示性函数，即如果括号中表达式为真，则取值为 1，反之为 0。通过门限值估计出这个门槛效应方程的待估参数值，并估计农业生产性服务业投入指标，进而研究农业生产性服务业对中国新型城镇化的门槛效应。

为找出最优门限值 r^*，即 SSE（r），本书运用对比、排除法来挑选最小的残差平方和 SSE（r）。为进一步验证农业生产性服务业对中国新型城镇化建设是否存在门槛效应，本书采取自举样本法来分析检验（Hansen，2000）。

建立零假设：H_0：$\beta = \beta_0$。

备择假设为：H_0：$\beta \neq \beta_0$。

建立 F 统计量检验零假设：$F = \dfrac{SSE_0 - SSE(\hat{r})}{\xi^2(\hat{r})}$。

SSE_0 表示在零假设条件下不存在门槛效应的残差平方和，SSE（$\hat{r}$）表示在备择假设条件下存在门槛效应的残差平方和，ξ^2（$\hat{r}$）表示残差的方差。建立似然比检验方程式：

$$LR(\hat{r}) = \frac{SSE(r) - SSE(\hat{r})}{\xi^2(\hat{r})} \tag{4.33}$$

$SSE\ (r)$ 表示零假设条件下的残差平方和。定义 $LR\ (r_0) \geq -2Ln\ (1-\sqrt{1-\alpha})$ 时拒绝零假设检验，相反则接受。其中 α 表示渐近分布 $LR\ (r_0)$ 的渐近分布水平。

四 实证研究

（一）数据来源及描述性分析

为验证农业生产性服务业对中国新型城镇化建设确实存在门槛效应，此处设定农业生产性服务业的发展（农业生产性服务从业人数占整个农业就业人数的比重）指标（X_t）为门限变量，各地区的城镇化率作为反应指标（Y_t），并以《中国统计年鉴》中 2005～2013 年中国 31 个省份的 279 组面板数据作为分析对象，运用 Stata13.0 软件导出面板数据，对数据进行模型分析，各变量基本统计特征见表 4－16。

表 4－16 变量基本统计特征

性质	变量	符号	单位	均值	标准差	最大值	最小值
城镇化指标	城镇化率	Y_t	%	49.12	14.96	89.30	20.85
门限变量	农业生产性服务业指标	X_t	%	20.59	29.23	165.32	0.65

（二）门槛效应检验

为方便全面分析农业生产性服务业对中国新型城镇化建设的门槛效应，考虑到 2008 年受地震与国际金融危机的影响，本书在显著性水平临界值的测算中剔除了 2008 年以后的数据，采用平滑性数据，建立单门槛效应估计方程，减少门限区间数来进行检验与估计，其检验结果见表 4－17。

表 4 - 17 样本的门槛效应检验结果

核心变量	F 统量	显著性水平下的临界值			门限估计值及置信区间	
		1%	5%	10%	门限估计值	95% 置信区间
X_t	284.48	6.63	3.84	2.71	16.92975	[24.24194]

表 4 - 17 表明模型在 10% 的显著性水平下存在门槛效应，其中，农业生产性服务业发展指标（X_t）的门限估计值为 16.92975，表明当 X_t 值超过 16.92975% 时，城镇化水平存在显著差异。

（三）估计结果

通过采用计量经济方法对上文数据进行门槛估计方程性函数检验，从而剔除其括号中表达式为零的方程函数，得到门槛效应模型回归结果，见表 4 - 18。

表 4 - 18 结果分析

变量	X_t	σ	t	P
c	41.40537	0.793174	52.20	0.000
X_t	0.3746835	0.0222146	16.87	0.000
R^2	0.9627			
F 统计量	284.48			

则用上述数据得到的规范结果方程式为：

$$Y_t = 0.3746835X_t + 41.40537$$

$$(0.793174)(0.0222146)$$

$$T = (52.50)(16.87)$$

$$R^2 = 0.9627, F = 284.48, NT = 248 \tag{4.34}$$

从表 4 - 18 可看出，可决系数 R^2 为 0.9627。这充分说明农业生产性服务业对中国新型城镇化具有门槛效应的验证与研究是可行的。另外从回归结果中可得出，估计参数 $\beta_1 = 0.3746835$，这说明农业生产性服务业发展指标每增加1%，城镇化率增加0.3746835%，且增加具有平稳性。

（四）各指标的门槛状态

根据农业生产性服务业发展指标（X_t）的门限值，我们可以依据2005～2012年各地区统计数据的平均值把该指标数据进行分类，见图4－3。

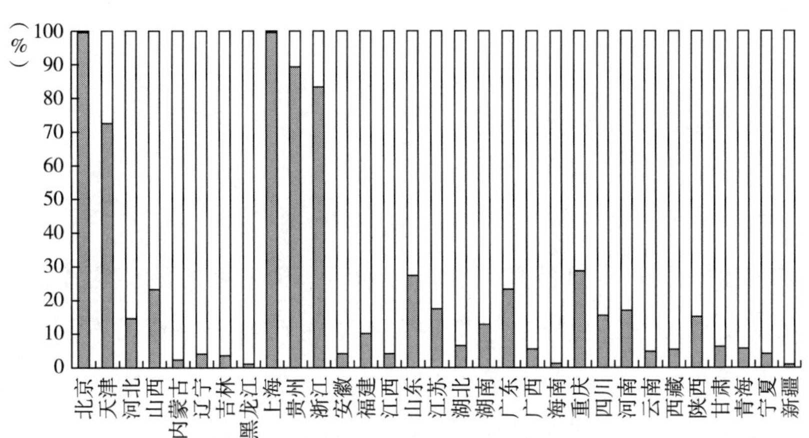

图4－3　各指标在各省份的门槛状态划分

从图4－3中可看出，农业生产性服务业发展指标（X_t）在2005～2013年低于门限值16.92975%的省份有内蒙古、辽宁、吉林、黑龙江、安徽、福建、江西、湖北、广西、海南、云南、西藏、甘肃、青海、宁夏、新疆，共16个地区，且它们离所设门限值还较远而未跨过门槛。而河北、江苏、湖南、河南、陕西等省份则打破门槛，跳跃式进入规定的门槛，北京、天津、上海、浙江等省，远高于所设门限值。进而表明，未能跨过门限值的省份的城镇化率与能跨过门限值的省份存在明显差异。

本书检验得出，中国农业生产性服务业对新型城镇化的确存在较为显著的门槛效应，门槛效应可能从两个方面体现：一是农业生产性服务业作为推动力，通过改变其内部结构与规模来影响城镇化的发展，农业生产性服务业发展水平的提高，会有效增大其内部结构建设与规模扩张的投入力度，如调整其内部结构布局，甚至是在平衡发展的基础上加速扩大其整体发展规模；二是农业生产性服务业的不断发展为城镇化建设中农村劳动人口就业提供了更多机会，农业生产性服务业的发展可以促使其吸纳更多的劳动力来降低失业率。同时，可以在促进城镇化建设中提升城镇化率，进而最大化地促进中国新型城镇化。

五　结论与政策启示

（一）结论

本书运用门限回归模型对中国 2005 ~ 2013 年的城镇化率进行计算，实证结果表明：在样本时期内，农业生产性服务业的发展对城镇化率有显著影响，并具有显著的门槛效应，农业生产性服务业的发展水平与城镇化率之间存在非线性关系；农业生产性服务业发展指标 X_t 跨过门限值 16.92975% 时，城镇化率出现明显的增加。具体来说，当高于 16.92975% 时各省份的城镇化率明显高于其他未能跨过该门限值的省份。因此，农业生产性服务业水平的提高有利于城镇化率水平的提高。

（二）政策建议

在中国新型城镇化建设过程中，城镇化建设水平的提升有赖于农业生产性服务业发展水平的提高，且存在明显的门槛效应。鉴于此，本书得出以下几点政策性启示。

（1）加快城镇化中的农业生产性服务业体系建设。

建立促进农业生产性服务业发展的财税体系，拓宽农业生产性服务主体的融资渠道和融资方式，要营造良好的融资环境。在引入商业融资的同时，政府可以通过补贴、提高贴息水平、减税免税和面向金融机构发行政府债券等方式，发挥财政投资作用，促进农村公共生产性基础设施的发展。此外，尽力扩大针对农村生产性服务业的国家财政资金拨款规模。发挥农村生产性服务业引导资金的作用，在这些基础上建立完善的农业生产性服务业体系，最终促进新型城镇化的发展。

（2）积极整合生产性服务资源以推动城镇化。

发挥政府重点支持的农业生产性服务机构在城镇化过程中的先导作用。政府应统筹规划和综合协调农业生产性服务业，充分发挥各类农业生产性服务机构的优势，促进农资供应服务、农业科技服务、农产品物流配送服务、农业咨询服务、农村金融保险服务、农产品营销服务等集聚性的农业生产性服务活动开展，建立农业需求为主导、重点突出、功能导向、结构优化、产业链和产业网及产业体系良性互动的农业生产性服务业体系，充分发挥其在城镇化建设进程中的重要作用。另外，要积极发展偏远中西部地区的农业生产性服务机构，并保证各个机构的服务质量。充分发挥农机服务机构、农业咨询服务机构及农产品营销服务机构等在偏远地区农业发展中的主力军作用，努力推动中西部地区农村乡镇企业发展、增加农村企业的数量、扩大其规模，加速贫困地区新型城镇化的发展。

（3）调整优化农业生产性服务业结构体系，促进农民就业向城镇集中。

一是支持新型农业生产性服务业态发展。充分考虑科技效益与环保因素，促进农业模式由低产低效益向高产高效益发展，逐渐引导新型的农业生产性服务机构进入农业产业链，引导农业服务资源投向符合国家政策的现代生态、绿色领域，推动农业产业机构调整和优化升级，支持中国特色农业的建设和发展，增加农民中从事非农产业的人数，促进农村剩余劳动力向农业生产性服务业转移，推动农民逐步向市民转变。二是借助“互联网+”、农村电子商务等手段，大力发展适合不同城镇区域的现代农产品物流配送、咨询、农村金融保险、营销等现代生产性服务，促进农业产业链效益提升，并大力发展合作社等多种生产性服务主体，有效提高城镇建设的农业生产性服务覆盖面和满足率，满足农村居民就业创业需求，延伸农业生产价值链，促进农民就业向城镇集中。

（4）加强农业生产性服务业人才队伍建设。

任何行业的发展壮大都离不开人才，农业生产性服务业也不例外，为了给中国农业生产性服务业发展提供强大的人才队伍和人力资本，大力发展人才是很重要的。第一，要强烈意识到积累人力资源是提高农业生产性服务业最重要最有效的方式，在不断增加服务型人才数量的同时提升农业生产性服务人才素质水平。第二，政府通过规划引导人才需求，扶持人才教育，投入大量资金建立相关人才培训机构，免费提供培训和咨询服务，提高整个服务业团队的文化素养和专业素质。建设一支业务素质高、爱岗敬业的农业科技创新领军团队。第三，加大对高端人才、复合型人才、具有管理和专业素养的拔尖人才的引进力度，采取激励措施鼓励高校毕业生毕业后投身到各个地区农业合作社服务组织中，可以对这类学生给予一定的财政补助，比如提高他们的工资待遇，完善工作环境，提供更多的培训机会。

第五章　中国农业生产性服务业内部结构及生产率变迁研究

本章分为两节，第一节分析了农业生产性服务业结构优化对农业发展的外溢效应，并对中国农业生产性服务业内部结构的演变特征、现状及存在问题进行了详细的分析，最终从政策、市场、金融、物流、信息等角度提出了优化中国农业生产性服务业内部结构的措施。第二节利用DEA模型的Malmquist指数分析方法估算了中国在2004~2014年农业生产性服务业的TFP动态变化。研究得出结论如下：目前我国户籍人口城镇化率只有36%左右，不仅与发达国家的80%相差甚远，也低于与我国人均收入类似的发展中国家的60%。由此可知，我国城镇化的发展空间还很大，与我国2020年实现常住人口城镇化率60%、户籍人口城镇化率45%的目标还有一定的差距，①中国农业生产性服务业TFP的较快增长主要源于农业技术进步，农业生产性服务业发展过程中规模效率增长明显，粗放型增长是考察期农业生产性服务业生产率增长的明显特点。②中国农业生产性服务业TFP存在较为明显的区域差异，东部地区增长较快，中部地区增长稳健，但西部地区TFP则呈现低速增长。综合来看，中国农业生产性服务业效率处于较低水平，还有很大的改善空间。

第一节　中国农业生产性服务业内部结构研究

一　农业生产性服务业发展现状分析

从中国近年来农林牧渔生产性服务总支出可以看出，农业生产性服务业发展呈现稳步增长态势，五年间生产服务支出增加了2305.8亿元，同时，占农林牧渔中间消耗的比重也平稳增加（见表5－1）。但长期以来，传统农业在国民经济中一直占据主导地位，小而散的农业家庭运营方式组织化程度较低，制约了现代农业生产性服务业的发展，导致其专业化、市场化水平较低。整体看来，中国农业生产性服务业发展速度缓慢，五年间仅提高了1.2个百分点，这表明生产性服务要素与农业产业链尚未充分融合，生产性服务业渗透力不足，存在发展滞后现象。

表5－1　2010～2014年我国农林牧渔生产性服务支出

指标 / 年份	农林牧渔中间消耗（亿元）	农林牧渔生产服务总支出（亿元）	占农林牧渔中间消耗的比重（%）
2010	28786.2	3910.5	13.58
2011	33817.8	4627.7	13.68
2012	37079.4	5195	14.01
2013	40029.3	5750.4	14.37
2014	42068.1	6216.3	14.78

资料来源：《中国农村统计年鉴》（2011～2015年）。

二　中国农业生产性服务业内部结构演进分析

多项研究表明，在推进中国农业现代化建设进程中，农业生产性服务业内部结构的优化在整合农业产业链、提高农业生产效率、增加农民收益等方面发挥着巨大的作用。

（1）农业生产性服务业内部结构的优化升级有效整合了农业生产链，大大提升了现代农业的竞争力。

现阶段，农业产业链条已从农业产前环节延伸到农产品消费领域，农业生产性服务业对于提升产业链中各个环节的价值传递效率具有关键作用。农技推广、产品分类加工、信息传输等生产性服务的细分，提高了农业生产性服务业的专业化程度，进而提升了农业产业链的价值，增强了现代农业的竞争力。

（2）农业生产性服务业内部结构的优化大大提高了农业科技的转化效率，推动了农业现代化进程。

农业科技服务涉及农作物优质高产、农产品加工流通、生态农业等领域的技术研发与推广应用，农作物品种的改良与应用，如转基因大豆等优良品种的培育，大大提高了涉农资源利用效率，强化了生产技术与农业科技之间的联系，加快了农业科技推广与应用进程，发挥了农业生产性服务业的外溢效应，提高了农业生产效率，增强了农业生产性服务业的竞争力，增进了农民收益，推动了农业现代化进程。包括银行、基金、保险等在内的金融工具的创新丰富了农村金融服务体系，带动了农业规模化的发展，延长了农业产业链条，促进了农业经济结构的调整。金融服务已逐渐成为农业发展的关键渠道，可以大大推进农业现代化进程。

一般而言，农业生产性服务业分为传统和现代两种，其中传统型生产性服务业包括交通运输、仓储和邮政业，批发和零售业等，现代生产性服务业主要包括金融、保险业，信息和软件服务业，租赁、商务服务业，科学研究、技术服务和地质勘探业等，本书分两个阶段研究中国农业生产性服务业内部结构。

鉴于《中国农村统计年鉴》的统计口径以及本书研究的需要，本书所采用的数据来自《中国农村统计年鉴》以及国家统计局公布的投入产出分析表，采用 1987 ~ 2014 年《中国农村统计年鉴》的相应数据，划分为两个阶段，通过分析不同时期上述各类服务的变化态势，来研究农业生产性服务业的内部结构，以及农业生产性服务业的演进趋势。

（一）中国农业生产性服务业内部结构演进第一阶段（1987～2002年）

根据1987～2003年国家统计局公布的投入产出分析表及《中国农村统计年鉴》，可得出交通运输、仓储和邮电业，金融、保险业等生产性服务业在农村生产性服务业中的投入占比，如表5－2所示。

表5－2　中国农业生产性服务业内部各行业投入占比

单位：%

行业 / 年份	交通运输、仓储和邮电业	租赁、商务服务业	金融、保险业	其他生产性服务业
1987	30.3	25.1	17.4	27.2
1990	40.7	20.9	15.9	22.5
1992	18.8	36.1	23.6	21.5
1995	25.5	46.5	10.0	18.0
1997	22.4	42.5	8.8	26.3
2000	22.4	39.1	9.3	29.2
2002	27.1	40.3	19.9	12.7

由表5－2农业生产性服务业各行业的投入情况可知农业对各行业的中间需求情况，可得图5－1。

由图5－1可知，农业对租赁、商务服务业的中间需求增长最快，从1987年的25.1%增加至2002年的40.3%，对金融、保险业的服务需求也呈现增加的趋势，由1987年的17.4%增加到2002年的19.9%，而农业对交通运输、仓储和邮电业的服务需求则呈现下降趋势，由1987年的30.3%下降至2002年的27.1%。总体来看，可以认为，1987～2002年中国农业生产性服务业中，传统型生产性服务业所占比重降低，

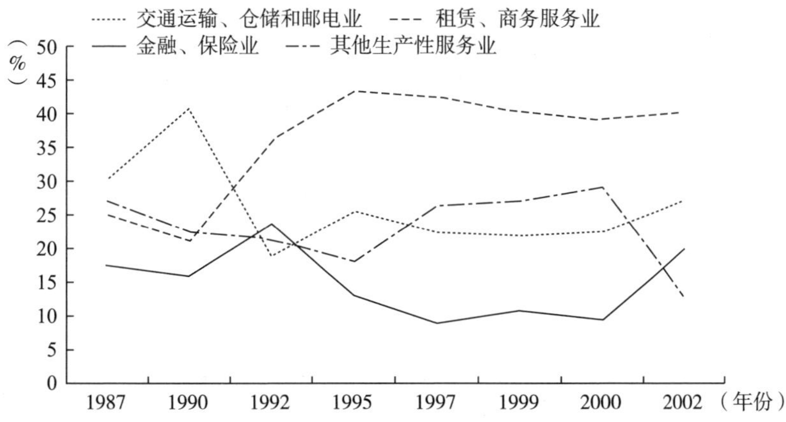

图 5－1　中国农业生产性服务业内部各行业投入占比

现代生产性服务业占比增高。

(二) 中国农业生产性服务业内部结构演进第二阶段 (2003～2013 年)

选取中国农业生产性服务业各行业（交通运输、仓储和邮政业，批发、零售业，租赁、商务服务业，金融、保险业，科学研究、技术服务和地质勘探业）的固定投资作为原始数据，鉴于 2011～2013 年的原始数据缺失，因此根据 2002～2010 年《中国农村统计年鉴》的数据，取其平稳值，作为原始数据分析其内部结构的特征（见表 5－3）。

表 5－3　2003～2013 年对农业生产性服务业的固定投资

单位：亿元

行业 / 年份	交通运输、仓储和邮政业	信息传输、计算机服务和软件业	批发、零售业	金融、保险业	科学研究、技术服务和地质勘探业	租赁、商务服务业
2003	620. 3	14. 9	131. 4	4. 0	4. 1	65. 8
2004	554. 7	19. 7	155. 8	38. 4	21. 4	59. 1
2005	753. 7	20. 1	184. 3	38. 0	10. 6	673. 4
2006	913. 6	103. 9	368. 9	27. 0	30. 2	63. 0

续表

年份＼行业	交通运输、仓储和邮政业	信息传输、计算机服务和软件业	批发、零售业	金融、保险业	科学研究、技术服务和地质勘探业	租赁、商务服务业
2007	1156.9	28.7	429.7	56.0	38.9	88.7
2008	1323.9	31.4	548.8	77.0	64.4	100.8
2009	1703.3	45.5	641.8	116.0	116.8	155.7
2010	2191.4	61.6	798.8	117.0	110.1	206.1
2011	2716.2	79.3	851.7	129.0	113.4	268.7
2012	3277.1	91.2	987.7	127.0	112.9	304.1
2013	3547.6	100.6	1028.7	131	114.7	376.2

将上述年份对农业生产性服务业的固定资产投资额作为原始数据，计算其相应的比重作为指标，来代表农业生产性服务业构成状况以及变化趋势（见图5－2）。

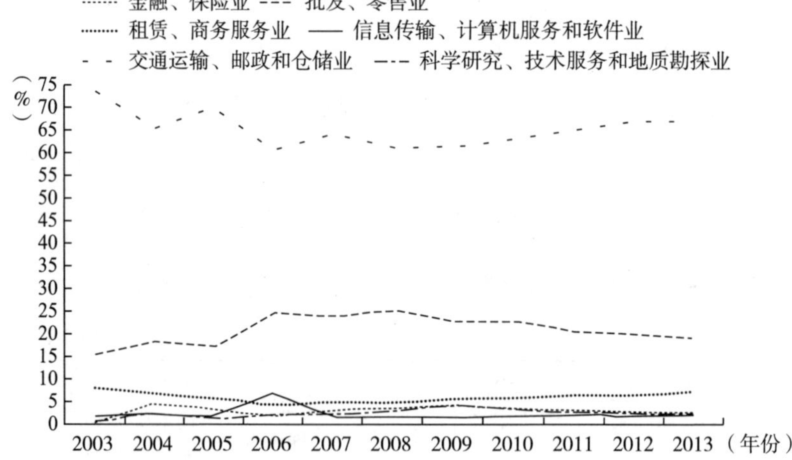

图5－2　中国农业生产性服务业内部各行业固定资产投资额占比

从图5－2中可以看出，传统型生产性服务业所占比重有所下降，尤其是交通运输、仓储和邮政业，在2003年其所占比重为73.8%，到2013年所占比重下降为66.95%，批发、零售业在2003年所占比重为

15.63%，2013年为19.41%，但是总体来看，传统型生产性服务业在增加值增加的基础上所占比重呈现下降趋势，而现代生产性服务业整体所占比重呈上升趋势，金融、保险业的变化最为显著，2003年金融、保险业所占比重为0.48%，到2013年比重增加为2.47%。

中国农业生产性服务业内部各行业构成的变化态势大体上与发达国家演进过程相似，呈现传统型生产性服务业增加值增长但占比下降，现代生产性服务业比重上升的发展趋势。中国农业生产性服务业发展的总体趋势符合国外先进农业国家农业现代化的演进规律。

三　中国农业生产性服务业内部结构存在的问题

虽然，中国农业生产性服务业内部结构正在优化，但目前其结构仍然不够合理。

（一）现代农业生产性服务业发展缓慢，所占比重较低

近年来，金融、保险业，信息传输、计算机服务和软件业，现代物流以及科学研究、技术服务和地质勘探业等现代生产性服务业虽有一定程度的发展，但其基础薄弱，专业化程度低，人才缺乏，科技水平低，因此现代农业生产性服务业发展水平较低，而且发展速度比较缓慢。由上述数据可知，2003年，现代生产性服务业所占比重为10.57%，2013年现代生产性服务业占比变为13.63%，表明现代农业生产性服务业发展速度比较缓慢，所占比重仍然比较低。

（二）农业生产性服务业以劳动密集型为主，技术与知识性服务占比较低

从资源禀赋的角度来看，在农业生产性服务业的各行业中，劳动密集型产业所占比重较高，而技术知识型产业的比重则非常低。交通运输、仓储和邮政业，批发、零售业等劳动密集型产业所占比重较大，超过80%，而信息传输、计算机服务和软件业，租赁、商务服务业，科学

研究、技术服务和地质勘探业等技术知识型产业总体占比不足20%。

（三）传统农业生产性服务业比重大，服务效率偏低

交通运输、仓储和邮政业，以及批发、零售业等分销服务业的服务效率普遍偏低，而且价格偏高，存在地区不平衡问题，但其在中国农业生产性服务业中所占比重依然较大，一定程度上降低了农业产业链的传递效率，总之，中国农业生产性服务业中分销服务环节的发展状况与农业生产性服务业的需求结构不太适应。

（四）科学研究、技术服务和地质勘探业所占比重偏低

目前，中国农业生产性服务业中的科学研究、技术服务和地质勘探业所占比重仍然偏低，农业科技服务业从业人员偏少，且素质整体偏低，一定程度上造成了中国农业科技服务与农业生产之间无法实现有效衔接，影响了农业科技的推广与应用。为提高农业竞争力，必须加快农业科技的研发与创新，紧密结合农业发展状况来提供科技服务。

四 优化中国农业生产性服务业内部结构以促进外溢效应发挥的对策

目前，中国农业生产性服务业的发展状况与农业现代化目标之间差距较大，解决中国农业生产性服务业内部结构的优化问题迫在眉睫。优化中国农业生产性服务业的内部结构需要从以下几个方面入手。

（一）加快创造优化农业生产性服务业内部结构的政策支持环境

（1）为优化农业生产性服务业内部结构制定整体规划。

在制定农业发展规划时，联合相应的行业协会，成立专门的农业生产性服务业发展或促进机构，紧密联系农业与生产性服务业的发展状况，制定一个完整、系统的农业生产性服务业长远发展规划。

（2）制定分类优惠政策，促进农业生产性服务业内部结构优化。

调动提供农业生产性服务企业的积极性。例如完善税收优惠制度，

转变税收优惠方式，将信息服务业、现代物流业等纳入消费性增值税征税范围，对进口先进设备、仪器等实施税收优惠政策，调动这些企业提供服务的积极性。

（3）提高支持农业生产性服务业的财政资金的使用效率。

目前农业生产环节的财政投入相对较多，接下来应该适当转变方向，加大对农产品深加工服务、特色农业服务领域的投入，积极引导人们增加对高品质农产品的需求。

（二）加快推进农业科技市场化，合理配置农业生产性服务业的资源

进行资源配置时，市场是最有效的方式。在中国农业生产性服务体系建设的过程中，政府一直占主导地位，因此服务的公益性比较强，市场化程度不够高，应加快农业生产性服务业的市场化进程，提高人们研发及推广涉农行业技术的积极性，必须创建研发设计交易市场，设置相应的市场准则来规范有关技术市场的服务项目、技术标准以及价格机制，加大对涉农知识产权的保护力度，充分调动推广农技服务的积极性，提高科技、知识型服务在生产性服务业中所占的比重，优化农业生产性服务业的内部结构。

（三）优先发展农村金融体系，充分发挥金融服务业在农业生产性服务业中的引领作用

为满足发展现代农业的多元化资金需求，必须积极引导金融资源向农业生产性服务业流动。

（1）建立多层次的农村金融服务体系。

除大力发展农业银行、农业发展银行、农村信用社等现有支农金融机构以外，还应依据区域、地方特征加大各类金融机构的引进力度，对正规金融机构进行功能性补充，例如，针对小额贷款组织和中小型的民

营银行，继续利用财政支农政策对上述金融服务机构进行资金补贴，创新发展融资租赁、期货、信托、抵押债券等新兴业态，以促进层次多样的资本市场体系的创建。同时建立健全对金融服务的监管、评估机制，规范民间借贷市场，为发展农业生产性服务业提供资金保障。

（2）积极深化金融经营主体改革。

积极推进农业银行和农业发展银行的改革，使其着重支持农村基础设施建设和促使农业产业化龙头企业的发展；将农村信用社和邮政储蓄向社区性金融组织的方向进行改革，以满足农村规模化种植、养殖和小型涉农企业的资金需求；同时继续给予农业银行和农业发展银行、农村信用社等支农金融机构税收方面的优惠待遇，引导资金流向农业生产性服务业。

（四）推进农业生产性服务供给侧结构性改革，提高农业信息的及时性、准确性，优化农业生产性服务业内部结构

供给侧结构改革是为解决供需结构错配而提出的一项新举措，基本出发点是引导新供给创造新需求。随着科技水平的提高，农业现代化步伐加快，农业消费需求结构也开始转型升级，对现代农业生产性服务的需求与日俱增，因此，为实现农业生产性服务业供需结构再平衡，应从供给侧着手，以满足已优化的需求侧。这就要充分调动参与主体的积极性，积极培育新型职业农民，鼓励龙头企业发挥引领作用，政府也要积极引导，并充分利用市场的资源配置作用，加快构建现代农业服务体系，推进生产性服务供给侧改革，以提供中高端的服务供给为重点，提升产业价值链，优化服务质量，促进农业产业集群化。根据涉农生产者、经营者等信息服务主体的多元化信息需求情况，为不同规模的群体提供针对性强的多样化服务。加快农村互联网基础设施建设，建立农业信息网络平台，搜集农业生产、农产品价格、市场风险、农业科技等各种农业信息，并进行全面的分析研究，同时联通其他相关部门，实现农业信息的资源共享，提高农业产业链条信息传递的效率，提升农业生产

性服务组织的信息化水平。

（五）建立现代农业物流体系，优化农业生产性服务业内部结构，适应新的产业分工

加快流通环节基础设施的建设步伐，加快建设包括农产品冷链物流设施，涉及农业生产资料和农产品的批发市场、农贸市场、经销代销点等多层次的市场组织等基础设施，提高流通效率，降低农产品流通成本。同时，积极采用物联网等现代信息技术加快物流信息平台的创建，提高涉农领域的物流行业水平，创建信息化的农业物流体系。

第二节　中国农业生产性服务业生产率变迁研究

一　引言

由于长期以来中国只重视生产性服务业与制造业的结合，整个农业生产性服务业的发展不尽如人意，中国服务业尚处于以规模增长为主的阶段，亟须提高发展质量和效益，服务业外溢效应发挥的关键在于服务业生产率的提高，目前国内外对服务业生产率的研究大多是从产业和国家等宏观层面展开的，描述性的研究占比较多，对服务业生产率变化的少量实证研究也集中在未分类的服务业与服务于工业的生产性服务业方面，现有研究对农业生产性服务业整体产出效率情况缺乏相应的分析，因此本书试图以2002~2013年中国31个省份农业生产性服务业的面板数据为基础，利用非参数Malmquist指数方法研究中国的农业生产性服务业生产率的发展变化，对中国的农业生产性服务业全要素生产率进行测算，进而探讨导致中国生产性服务业全要素生产率变化的原因，并提出提高农业生产性服务业生产效率的有效方法，以期制定有效的政策来提高中国的生产性服务业生产率，促进其外溢效应的发挥。

二 服务业全要素生产率测算方法的分类

本书依据常见测算原理和角度，将全要素生产率的计算方法分为以下三类。

（一）增长核算法

服务业全要素生产率测算的增长核算法中，最常见的是索洛残差法，用索洛残差法主要是确定那两个弹性系数，常见的有经验估计法、回归法、比值法，计算方法方便、简捷，只需关注函数的相关性质而不用考虑函数的具体形式，但索洛残差法度量全要素生产率的残差所包含的因素过于宽泛，导致结果易受测算误差的影响，使全要素生产率的估算产生较大误差。

（二）指数法

全要素生产率指数法最早由艾布拉姆威兹（Abramvitz，1956）提出，他把 TFP 表示为一个生产单元在一定时期内产出数量指数与所有投入要素加权指数的比率，将对生产率增长的度量转化为对总投入和总产出增长的度量，此种方法可用公示表示如下：

$$TFP_{st} = (Y_t/Y_s) / (X_t/X_s) \tag{5.1}$$

其中 X 表示投入，Y 表示产出，S 为考察生产单元基期，T 为报告期。

指数法可计算任意两个时期（企业、行业、国家或地区）投入产出物品的数量及相应的价格已知时的生产率变化，可以分解为技术效率、技术进步和规模效率的乘积，较为简单也易于理解。但指数法本质上属于确定性方法，没有考虑随机因素对 TFP 的影响，这显然缺乏合理性。

（三）生产前沿面法

由于增长核算法、指数法基本上都属于确定性方法，且不能对经济生产有效性及生产行为无效的根源和程度进行全面评价，于是诞生了生产前沿面法，生产前沿面法允许技术无效的存在，引进了技术无效率因子。生产前沿面可以通过参数型模型法或非参数模型法两种方法来获得，由于不需要知道特定的生产函数模型，生产前沿面法得到了广泛的应用，本书采用的就是生产前沿面法。

三 Malmquist 指数分解和数据包络分析

瑞典经济学家 Malmquist（1953）首先提出了 Malmquist 指数[166]。Caves（1982）、Charnes（1994）则分别将该指数应用于生产率变化的测算，并将其与 DEA 理论相结合形成了 Malmquist 指数模型[167][168]，其中 Fare（1994）等构建的基于 DEA 的 Malmquist 指数方法最为常见[169]。

本书应用 Malmquist 指数方法，来分解、衡量农业生产性服务业的技术效率、技术进步的变化。假设农业生产性服务业 s 时期产出函数距离为：

$$D^s(X,Y) = \text{Min}\left\{\alpha:\frac{Y}{\alpha} \in P(X)\right\} \tag{5.2}$$

其中，α 表示技术效率指数，取最小值，此时 Y/α 表示既定投入下的最大产出，假定 t 时期的产出距离函数：

$$D^t(X,Y) = \text{Min}\left\{\alpha:\frac{Y}{\alpha} \in P(X)\right\} \tag{5.3}$$

假设生产规模报酬不变，且投入 X 和产出 Y 单一，图 5-3 中的点 A 表示 s 时期的投入-产出组合，点 B 表示 t 时期的投入-产出组合，均在生产可能前沿之下。（Y^s/Y^a）（Y^t/Y^c）表示两个时期技术效率变化。而由非投入增长贡献的产出增长部分（Y^t/Y^s）/（Y^b/Y^a），可以解释为生产率变化，（Y^t/Y^s）代表产出增长，（Y^b/Y^a）表示在 s 时期沿生产前沿线的移动。

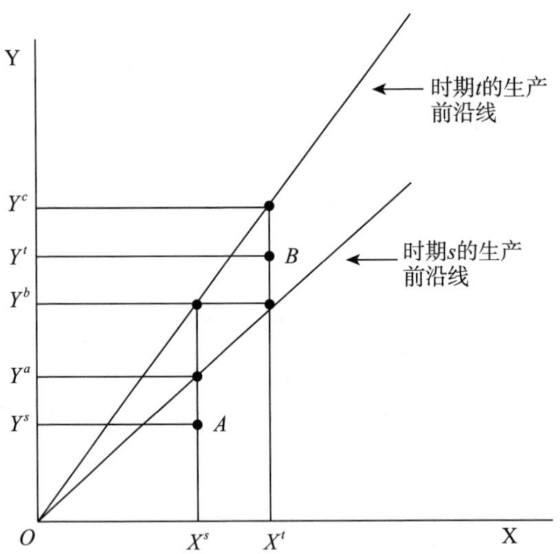

图 5－3　Malmquist 生产率指数

基于 Caves、Christensen 和 Diewert（1982a，1982b）的分析[170]，s 代表基期，从时期 s 到时期 t 的 Malmquist 生产率指数变化如下式：

$$M^s = \frac{D^s(X^t, Y^t)}{D^s(X^s, Y^s)} \tag{5.4}$$

以时期 t 作为代表基期，Malmquist 生产率指数变化则如下：

$$M^t = \frac{D^t(X^t, Y^t)}{D^t(X^s, Y^s)} \tag{5.5}$$

单一投入产出时 $M^t = M^s$，多种投入和可变规模收益时 M 用几何平均值求得：

$$\begin{aligned} M(X^t, Y^t, X^s, Y^s) &= \left[\frac{D^s(X^t, Y^t)}{D^s(X^s, Y^s)} \times \frac{D^t(X^t, Y^t)}{D^t(X^s, Y^s)}\right]^{1/2} \\ &= \frac{D^t(X^t, Y^t)}{D^s(X^s, Y^s)} \times \left[\frac{D^s(X^t, Y^t)}{D^t(X^t, Y^t)} \times \frac{D^s(X^s, Y^s)}{D^t(X^s, Y^s)}\right]^{1/2} \end{aligned} \tag{5.5}$$

式中 $\frac{D^t(X^t, Y^t)}{D^s(X^s, Y^s)}$ 表示时期 s 到时期 t 的变化：

$$effch（技术效率）=规模效率\times纯技术效率=\frac{D^t\ (X^t,\ Y^t)}{D^s\ (X^s,\ Y^s)}=pech\times sech \tag{5.6}$$

两个时期的技术进步率 *techch* 如下式：

$$techch = \left[\frac{Y^t/Y^b}{Y^t/Y^c}\times\frac{Y^s/Y^a}{Y^s/Y^b}\right]^{1/2} \tag{5.7}$$

进一步，假设第 $k(k = 1,2,\cdots,K)$ 个决策单元（N 种投入和 M 种产出）中，X_n^{ki} 和 Y_n^{ki} 分别代表第 k 个企业在第 $i(i = s,t)$ 时期第 $n(n = 1,2,\cdots,N)$ 种要素投入和第 $m(m = 1,2,\cdots,M)$ 种产出。此时 Malmquist 指数分解为 $D^s(X^s,Y^s)$、$D^t(X^s,Y^s)$、$D^t(X^s,Y^s)$ 和 $D^t(X^t,Y^t)$ 四个距离函数，可以用线性规划模型求得：

$$[D^i(X^{k'i'}_{,}Y^{k'i'})]-1 = \underset{z,\theta}{\mathrm{Max}}\alpha^{k'} \tag{5.8}$$

$$s.t.\ \alpha^{k'i'\,k'i'}_{Y\quad m} \leqslant \sum_{k=1}^{K} Z^{ki\,ki}_{Y\,m},\qquad m = 1,\cdots,M$$

$$\sum_{k=1}^{K} Z^{ki\,ki}_{X\,n} \leqslant X^{k'i'}_{n},\qquad n = 1,\cdots,N$$

$$Z^{ki}_{\geqslant} 0,\qquad k = 1,\cdots,K$$

Malmquist 一般表示后一年相对于前一年是增长了还是下降了或者不变，使用 DEA 非参数 Malmquist 指数方法测算出 TFP 指数及其分解值，TFP 指数大于 1 代表提升，小于 1 代表下降，等于 1 代表不变，DEA 中的 *techch* 本来就可以 >1 或者 <1，<1 的时候技术退步，但可能不是真正意义上的退步，说明这段时期投入的资本和劳动获得了较低的收益，可能是因为技术效率或者配置效率的低下，表现为经济增长的低质量。

四　实证研究

（一）数据来源

基于数据的可得性，本书中农业生产性服务业的资本投入采用交通运输、仓储和邮政业，生产设备，批发、零售业，房地产业居民服务，其他生产性服务业等各地区农村居民家庭拥有的生产性固定资产原值的加总来衡量。农业生产性服务业的劳动投入采用批发、零售业，交通运输和仓储和邮政业，住宿和餐饮业，租赁、商务服务业，居民服务修理，其他生产性服务业从业人员数的总数来衡量（见表 5－4）。农业生产性服务业的资本投入按照农户数乘以各地区农村居民户均家庭拥有生产性固定资产原值计算，2012～2014 年《中国农村统计年鉴》给出的是增量总数据，逐年加总后得出每一年的固定投入（未考虑折旧因素）。

表 5－4　农业生产性服务业各变量及数据来源

<table>
<tr><th colspan="2">指标</th><th>衡量</th><th>数据来源</th><th>单位</th></tr>
<tr><td rowspan="2">投入</td><td>资本（K）</td><td>各地区农村住户固定资产投资投向</td><td>《中国农村统计年鉴》</td><td>亿元</td></tr>
<tr><td>劳动力（L）</td><td>相应行业从业人员数的总数</td><td>《中国统计年鉴》</td><td>万人</td></tr>
<tr><td>产出</td><td>农业生产性服务业发展程度（Y）</td><td>各地区农林牧渔业中间消耗</td><td>《中国农村统计年鉴》</td><td>亿元</td></tr>
</table>

（二）全要素生产率的实证分析

1. 农业生产性服务业（TFP）变化率及其分解

本书以 2004～2014 年中国 31 个省份的面板数据为基础，利用软件 DEAP 2.1 测算农业生产性服务业的全要素生产率及其分解情况，如表 5－5 所示。

表 5－5　农业生产性服务业 TFP 及其分解

年份	纯技术效率变化率	规模效率变化率	技术效率变化率	技术进步变化率	TFP 变化率
	PE	SC	TE = PE × SC	TP	TFP = TE × TP
2005/2004	0.985	1.003	0.988	1.018	1.006
2006/2005	1.013	1.010	1.023	1.023	1.046
2007/2006	1.003	1.012	1.015	1.053	1.069
2008/2007	1.011	1.042	1.054	1.042	1.098
2009/2008	1.010	1.009	1.019	1.037	1.057
2010/2009	1.018	1.021	1.040	1.046	1.088
2011/2010	1.009	1.003	1.012	1.051	1.064
2012/2011	1.023	1.033	1.057	1.042	1.102
2013/2012	1.012	1.017	1.029	1.048	1.078
2014/2013	1.021	1.025	1.047	1.046	1.095
平均值	1.011	1.018	1.028	1.041	1.070

表 5－5 反映了 2004～2014 年农业生产性服务业 TFP 的增长情况，2004～2007 年中国农业生产性服务业呈现高增长势头，2008 年 TFP 增长率有所下降，2009 年之后农业生产性服务业 TFP 又恢复高增长率，从 5.7% 增长到 2014 年的 9.5%。从技术效率变化指标来看，农业生产性服务业技术效率由 2004 年的 －1.2% 上升到 2014 年 6.1%，从表 5－5 中我们可以看出，中国农业生产性服务业技术效率变化大多由规模变化带来，纯技术效率贡献较少。考察期内，中国农业生产性服务业总体全要素生产率出现了较大进步，主要原因是技术进步，由此看来农业技术进步与投入大大提升了中国农业生产性服务业产出，另外，2004～2014 年中，除 2008 年外，各年技术进步增长率都超过了技术效率增长率，可知中国农业生产性服务业 TFP 增长的主要源于技术进步，从另一个层面表明中国农业生产性服务业，一方面缺乏集聚产生的专业化效应，另一

方面服务业结构也不合理，还存在技术无效率状况，尚有较大的改善空间。

2. 全要素生产率的地区分析

表5－6是2004～2014年东、中、西部地区的农业生产性服务业TFP及分解的平均增长率，三大区域之间的农业生产性服务业TFP增长差异性很大，东部地区农业生产性服务业TFP平均增长率为11.8%，西部地区农业生产性服务业TFP平均增长率为1.6%，中部地区农业生产性服务业TFP平均增长率为8.3%，整体来看，东、中、西部地区TFP增长均是技术进步推动作用比技术效率要明显。东部地区TFP增长相对较快，这主要得益于其改革开放较为领先，管理理念相对中、西部较先进，经济发展水平较高。西部地区的TFP增长率要低于全国同期的平均增长水平。

表5－6 各区域TFP变化的分解

地区	纯技术效率	规模效率	技术效率	技术进步	TFP变化率
	PE	SC	TE = PE × SC	TP	TFP = TE × TP
北京	1.152	1.015	1.169	1.175	1.374
天津	1.076	1.057	1.137	1.046	1.190
河北	0.988	1.012	1.000	1.018	1.018
山东	1.043	1.064	1.110	1.053	1.169
福建	0.998	0.996	0.994	1.123	1.116
辽宁	0.987	1.045	1.031	0.987	1.018
上海	1.098	0.995	1.093	1.125	1.229
江苏	1.000	1.000	1.000	0.986	0.986
浙江	0.996	1.078	1.074	1.056	1.134

续表

地区	纯技术效率	规模效率	技术效率	技术进步	TFP 变化率
	PE	SC	TE = PE × SC	TP	TFP = TE × TP
广东	0.982	1.056	1.037	0.997	1.034
海南	0.977	0.986	0.963	1.068	1.029
东部平均	1.027	1.028	1.055	1.058	1.118
安徽	1.013	1.023	1.036	1.053	1.091
吉林	0.996	1.013	1.009	1.018	1.027
江西	0.988	1.039	1.026	1.073	1.101
黑龙江	1.017	1.012	1.029	1.043	1.074
河南	1.013	1.056	1.070	1.061	1.135
山西	0.984	0.986	0.970	1.032	1.001
湖北	1.025	1.049	1.075	1.038	1.116
湖南	1.032	1.034	1.067	1.048	1.118
中部平均	1.008	1.026	1.035	1.046	1.083
广西	0.986	1.022	1.008	1.026	1.034
四川	1.012	0.986	0.998	1.042	1.040
贵州	0.992	0.994	0.986	0.991	0.977
云南	1.051	0.982	1.032	1.034	1.067
陕西	1.014	1.013	1.027	1.038	1.066
甘肃	0.982	0.992	0.974	0.989	0.963
青海	0.943	0.978	0.922	0.987	0.910
宁夏	0.986	0.979	0.965	0.996	0.961
内蒙古	0.986	0.988	0.974	0.978	0.953
新疆	0.983	1.046	1.028	1.026	1.055
重庆	1.053	1.076	1.133	1.073	1.216
西藏	0.949	1.009	0.957	0.995	0.952
西部平均	0.995	1.005	1.000	1.014	1.016

五 研究结论

本节研究得出结论如下：第一，在考察期内，中国农业生产性服务业发展过程中规模效率增长明显，粗放型增长是考察期农业生产性服务业生产率增长的明显特点；第二，中国农业生产性服务业 TFP 存在较为明显的区域差异，东部地区增长较快，中部地区增长稳健，但西部地区 TFP 则呈现低速增长。综合看来，中国农业生产性服务业效率处于较低水平，还有很大的改善空间。

本书提出政策建议如下：首先，针对中国农业生产性服务业技术效率在各地区的非均衡发展，鉴于中国农业生产性服务业目前存在的区域和行业异质性，要加大对中、西部粮食主产区技术、资本等服务资源的投入，促进中国这些地区农业生产性服务业效率的提升；其次，中国农业生产性服务业整体效率水平偏低，这既有投入问题，也有资源配置不当问题，应优化农业生产性服务业结构，整合现有资源，注重效率的提升，加快推进中国农业生产性服务业发展，实现由重量到重质的转变。

第六章　农业生产性服务业发展的国际比较及借鉴

国外发达农业国家的发展经验表明，农业生产性服务业的发展壮大是实现农业现代化的重要条件。本章详细地分析了美国、日本、巴西及荷兰等国农业生产性服务业的发展历史和现状，总结了国外农业生产性服务业发展的经验，在此基础上，提出了对中国的启示和借鉴意义。

第一节　美国农业生产性服务业现状与发展经验

一　美国农业生产性服务业发展现状

2012 年，美国农业生产性服务业增加值占农业 GDP 的比重已达到 12.7%。据统计，近 50 年来，美国通过借助农业生产性服务业与科研紧密结合，依靠采用新技术、新品种以及开发新资源的方式，使得农业科技成果转化率高达 70%，农业生产率每年以 1.6% 的速度递增，明显高于以前的各个时代。以 2000 年为例，美国农业各类服务业的投入率中，交通运输、邮政和仓储业为 2.33%，批发、零售业为 4.08%，金融业为 1.21%。

美国农业现代化进程实现较早，本书选取 1979 ~ 2002 年美国农业生产性服务业增加值的数据，计算得出美国农业生产性服务业各行业增加值所占的比重，如表 6 - 1 所示。

表 6 - 1　美国农业生产性服务业增加值所占比重

单位：%

行业＼年份	1979	1984	1989	1994	1999	2002
交通运输、邮政和仓储业	25.3	23.0	21.5	20.3	20.1	19.3
批发、零售业	22.3	25.0	25.9	25.8	27.8	28.6
信息、计算机服务和软件业	14.9	14.7	13.9	13.1	11.3	11.3
金融业	7.3	8.9	9.1	9.8	11.1	11.5
租赁、商务服务业	11.8	9.7	9.6	9.8	9.3	7.5
科学研究和地质勘探业	17.5	18.7	20.0	21.3	20.5	22.8

二　美国农业生产性服务业发展经验

（一）政府建立政策支持体系，促进农业生产性服务业的发展

美国政府为了实现本国农业生产性服务业的快速发展，制定了一系列包括价格支持、生产控制、土地保护、剩余农产品处理、出口贸易等内容的综合型农业法规。除此之外，美国政府还制定了 30 多项农业补贴和农业信贷政策，有力地促进了美国农业生产性服务的发展。

（二）重视科研推广、教育培训等基础农业生产性服务业发展，形成“政、教、企”有机结合的服务体系

20 世纪初，美国农业科研与应用严重脱节，美国建立了联邦农业部科技机构、大学的农业科研及推广机构、私人企业科研机构“三位一体”的农业科学技术体系。赠地大学同时承担教育、研究和推广三项任

务，为农业生产服务。研究推广站的服务尽量满足农业生产需要，推广经费由联邦、州和县共同承担，公共和私人两大系统互为补充，公共系统提供基础服务，私人系统则提供专门服务。

（三）健全市场机制，为农业生产性服务业发展提供内在动力

美国通过把土地卖给农民的形式，使得农民能够建立起较大规模的家庭农场，这让农民获得了土地的所有权和经营权，也让农民成为独立的商品生产者，为农业生产性服务业在市场经济体制下的发展奠定了基础。美国还实现了生产资料、农机具供应以及农产品销售市场化，建立了发达的农产品信息网络，以农业生产性服务业的社会化来降低农业生产成本，促进农业效益的提高。

（四）注重农业合作社在农业生产性服务体系中作用的发挥

在美国，农业合作社是非营利性的，为单个农场解决其难以处理的问题。合作社提供的生产性服务主要有销售和加工服务、供应服务（包括销售石油用品、种子、农药、化肥、饲料、农机具及其零配件等）、信贷服务、农村电力等，合作社组成了一个有机整体，为农民生产服务，大大促进了农业生产性服务业的发展。

第二节　日本农业生产性服务业现状与发展经验

一　日本农业生产性服务业发展现状

日本在二战后依靠农业生产性服务业发展，走出了一条颇具特色的快速农业现代化之路。2000 年农业生产性服务业中间投入率达到 14.6%，其中交通运输、邮政和仓储业为 3.19%，批发、零售业为 4.72%，金融业为 3.66%，科学研究和地质勘探业为 0.12%。得益于发达的农业生产性服务业，日本农业工人人均增加值（农业部门产出减去

中间产品投入）2009～2012 年处于上升趋势：2009 年为 37076 美元，2010 年为 39284 美元，2011 年为 42879 美元，2012 年为 46045 美元。同时，日本的观光农业也已经渐渐成为农民的主要业务，观光农业的发展也使得日本的农业生产性服务业得到了长足的发展。

二　发展经验

（一）建立促进农业生产性服务业发展的农业法律体系和农业支持政策

日本人多地少，资源禀赋条件极其恶劣，为实现农业现代化，日本政府制定了一系列促进农业生产性服务业发展的政策，包括《蚕种检查法》《肥料管理法》等法律，规范农民的选种、耕地整理、肥料选用和农具改进服务，主要用于支持农地建设、水利建设、机械化设备购置和稻谷生产服务等。其中水利建设和机械化设备等生产性基础设施和设备的支出绝大部分由政府承担，农户支付的比例很小。

（二）利用雄厚的财政实力对农业生产性服务业实行高补贴

日本对农业生产性服务业实行高补贴，日本为了发展农业生产性服务业，减轻了农业生产性服务税，增加了对农业的投资，对土地进行改革，把银行涉农贷款的损失补偿给银行，并且对提供农业信贷支持的银行给予鼓励，引导农协系统的金融机构向农业提供生产服务，促进了日本农业生产性服务业的快速发展，实现传统农业到现代农业的转变。

（三）充分发挥农协的作用，通过建立严密的农协组织体系，来实现农业生产性服务业的发展

日本拥有较为强大、别具特色的农协组织体系，全国 99% 以上的农户参加了农协。农协的生产性服务活动，在农村生产、流通、科技文化等方面都有所涉及，农协不以营利为目的，业务范围从生产到生活无所

不包，使得单家独户无法解决的生产经营和生活问题得到了解决，对于社员无法购买的一些大型设备，农协统一购买后供给社员有偿使用，对促进日本农业生产性服务业的发展发挥了巨大作用。

（四）突出农业生产性服务中流通服务体系建设的引领作用

日本在发展农业生产性服务业中特别重视流通服务体系的建设，例如在农产品流通领域，日本在大中城市都有中央批发市场，农产品一部分通过农协向批发商或加工企业输送，另一部分进入批发市场，检疫合格之后，以拍卖的形式销售给批发商，批发商再销售给零售商，零售商再销售给消费者，另外，为了适应小规模农户经营的需要，日本还建设了遍布全国的农资服务体系。日本发达的农村流通服务体系极大促进了日本农业比较利益的提高，推动了农业现代化的进程。

（五）日本农业生产性服务业中的科技、信息服务业比较发达，对农业发展产生了极其有效的带动效应

1992～1998年，日本的信息产业年均增长率高达7.53%，信息技术服务业的总产值增加了19.7万亿元，对农业的带动效应为5.3万亿元。日本政府尤其注重涉农生物技术等高新技术的研发和推广，加上现代通信工程中网络技术的推广应用，农业科技含量更高。通过网络、电视传媒、语音电话、移动短信等多种信息服务方式提供服务，为农户提供所有必要的信息服务；同时以开办培训机构等方式，为农民提供技术服务和农民所需要的农用物资及其他商品销售服务。

（六）日本注重提供农业生产性培训服务，普及农业教育，提高涉农人员的素质

早在2003年，日本的农业大学已有40余所。其办学方式极具特色，农业职业学校、短期培训班等都培育了大量的应用型农业技术人才，大大提升了农业生产性服务从业人员的素质。

第三节　巴西农业生产性服务业现状与发展经验

一　巴西农业生产性服务业发展现状

巴西是拥有优越自然条件的农业大国，被称为21世纪的“世界粮仓”。巴西通过金融服务、技术服务、贸易服务等生产性服务手段的应用，形成了从国家发展战略到科技研发再到市场应用的完整链条，农业工人人均增加值（农业部门产出减去中间产品投入）四年来处于上升趋势：2010年为4706美元，2011年为5019美元，2012年为5045美元，2013年为5564美元。2013年农业增加值增长率为7.3%。联合国粮农组织预计，到2019年，巴西的农产品产量占全球总产量的比例将达到35%。

二　巴西农业生产性服务业发展经验

（一）建立了相对完善的以贸易服务和金融服务为主的生产性服务体系，有力地助推了本国农产品出口

巴西拥有优越的自然条件和资源，其农产品在国际市场上的优势突出。巴西政府制定了相关政策，加大了农产品出口贸易服务的力度，利用金融服务分散农产品贸易风险，这些金融服务大大分散了农民农产品出口贸易的风险，提高了农民效益，也为巴西农业的发展提供了保障。

（二）重视农业科技在农业生产性服务业发展中的作用

巴西政府非常重视农业科技进步对农业生产性服务业的促进作用，为提高农业的科技水平，设立了专门的研究机构，巴西的大量私营部门参与农业科技创新，巴西农科院作为国家机构在巴西全国设立了37个研究中心和3个服务机构。巴西政府为农民提供农业生产上的各种技术

指导和支持，向农民提供优良的种子，培训种植技术，各类型的农业联合体向农民进行农业技术推广，并提供技术指导和服务，巴西实行一体化经营，为巴西农业生产性服务业的发展提供了物质和技术保障，提高了农业生产性服务的质量。

（三）充分发挥合作社在农业生产性服务业发展中的作用

巴西的生产性服务产业化运作以合作社为基础，如农业联合会，它收集了农民在农产品方面的意见和建议，提供给政府作为参考，并向政府提供解决问题的措施，向农户传递政府新政策，承担作为农民和政府之间桥梁的作用。

第四节　荷兰农业生产性服务业发展经验

一　荷兰农业生产性服务业发展现状

荷兰主要依靠贸易立国，农产品出口额占其国内生产总值的90%以上，是世界上第二大农产品出口国，农产品出口率世界第一。荷兰农业生产性服务体系完善，尤其农产品交易服务系统发达，荷兰农业用地总面积为197.1万公顷，每公顷的进出口额达到了15008美元，远远领先于其他国家。而且荷兰农业依靠集约高效的农业科技、专业化生产服务体系，代表了现代农业的发展方向。

二　荷兰农业生产性服务业发展经验

（一）注重发挥农业生产性服务业产后服务优势，推行“加工服务、大进大出”战略

荷兰充分发挥比较优势，注重发挥农业生产性服务业产后服务优势，大力服务进口原料加工，利用国外资源，将原来价值较低的原料、

产品进行加工，价值大幅度增加之后再出口，增强了市场竞争力，从中获得更大的收益，也促进了荷兰农业的发展。

（二）推动农业生产性服务人才培训作用的发挥，实行农业发展“人才战略”

荷兰政府发展高效农业最重要的手段就是人才战略，把“人”的投入放在第一位，推动农业生产性服务人才培训作用的发挥，荷兰的农业知识创新培训系统是农业发展的基础，研究、推广、教育“三位一体”的系统，促使荷兰形成高素质的农场主群体，使农业生产率不断上升，国际竞争力日益增强。

（三）农业生产性服务和农业专业化、工业化相结合，为农业的发展提供动力

荷兰土地面积小，为了节省耕地，特别注重农业生产性服务和农业专业化、工业化相结合，荷兰农业强调通过专业化提高生产效率，采用专业农业无土栽培方法、室内温湿度计算机监控等生产性服务，与日本不同，荷兰大部分是主业农场，有专门的公司生产各种专业化设备，为农民提供可以提高农业生产率的产品，从而提高农民的农业收益。

第五节　国外农业生产性服务业的发展对中国的启示

综合而言，国外农业生产性服务业发展有如下经验。

（一）政府政策支持是促进农业生产性服务业发展的必要条件

农业生产性服务业与工业生产性服务业本质上都是规模经济的产物，它们都需要一定数量的生产要素组合来进行生产经营活动，具有一定的规模效应，并且具有准公共用品特色。因此，各国在农业生产性服务业发展过程中均制定旨在促进农业生产性服务业发展的优惠政策，如

美国财政扶持政策、日本的税收减免政策和巴西的信贷支持政策，均有力地推动了农业生产性服务业的规模化发展。

（二）各国均注重因地制宜，有重点发展其农业生产性服务业

各个国家的资源禀赋不同，国情国力也不一样，所以农业生产性服务业的发展模式也不相同，但各国均注重发挥比较优势，打造特色生产性服务，比如日本以流通为主、巴西以贸易服务为主的特色，都形成了农业核心竞争力，从而引领农业产业走向高端。

（三）注重农业科技进步在农业生产性服务业中的作用

各国实践证明，农业生产性服务业发展壮大需要强大的科技支持，各国在农业生产性服务业发展中均注重农业科技发展的基础作用，利用新技术手段推动传统农业生产性服务业升级。例如，围绕发展农产品流通、农业生产性服务领域的科技创新体系建设，提升农业生产性服务龙头企业科技创新能力，培育一批技术实力雄厚的高端服务企业。

（四）重视农村合作社组织在发展农业生产性服务业中的主体作用

各个国家在农业生产性服务业体系建设的过程中，都不同程度地采用过各种各样的农业合作社以发挥服务作用，为了解决单个农场难以办到的问题，各国均鼓励由农民组织社团，或由国家资金扶持组成非营利的合作社、服务公司，形成专业化的农业服务网络，开展农业生产性服务，针对农户需要提供各种服务，有力地降低农业生产成本。

（五）注重金融服务在农业生产性服务业发展中的基础作用

由于具有一定的准公共物品特质，农业生产性服务业最初发展需要大量的外部资金支持，所以，各国均为农业生产性服务业发展提供良好的金融服务支持，这是发展农业生产性服务业的基本条件。例如，美国、荷兰等国政府均为农业生产性服务业发展提供期限1～40年的低利

率信贷担保。

（六）各国均注重规范农业生产性服务从业人员资质，注重服务人才培养

农业生产性服务业发展壮大需要高素质的农业人才，各国均十分重视农业生产性服务业人才的培养、引进和发展，农业生产性服务业多将“农、工、商、产、学、研”有机地结合起来，国外政府通过加强与高校、科研院所合作，多种模式培养农业生产性服务人才，对农业公共服务从业者进行培训，更新他们的知识，以促进服务企业发展，确保农业生产性服务的质量。

第七章　扩大农业生产性服务业外溢效应的微观分析

——基于农户选择模型的研究

本章在对农业生产性服务分类研究的基础上，构建了一个基于技术接受模型和计划行为理论的农户农业生产性服务内容及组织形式选择模型，并利用全国4个省份1172份农户的调查数据，选择使用多值无序响应模型（mlogit模型）分析了影响农户农业生产性服务业模式选择的因素。研究表明农户对农业生产性服务的内容及组织形式的需求差异明显，农户户主特征和家庭因素、外部自然环境特征、易用感知和有用感知均对其农业生产性服务选择有显著影响。最后针对农户需求特征，提出了扩大农业生产性服务业外溢效应、促进中国农业现代化的系列对策。

第一节　引言

在国民经济由高速增长转为中高速增长的经济新常态背景下，提升中国农业的竞争力，特别是通过农业资源配置效率改善来提高中国农业的劳动效率，是中国农业发展面临一个巨大的挑战。

当前，中国农业产业发展存在效率低、专业化和规模化程度低、竞争力弱、可持续性差等问题。国外先进农业国家的实践和中国学者的大量研究表明，农业生产性服务对促进农业专业化分工的深化、推动中国现代农业产业体系建设、改善中国农业经营水平与效率、提升农业比较收益具有重要作用。所以，促进与农业生产相关的服务业发展已成为当务之急。探讨发展农业生产性服务相关的制度安排和路径选择具有重要意义。但是，中国现阶段农业生产性服务业的服务层次比较低，加上内部结构不合理、缺乏优秀的基层服务人才、市场化和专业化水平较低，远不能满足中国以农户为生产主体的农业在新型经营体系构建中对农业生产性服务业日益层次化和多样性的需求，这导致农户在生产性服务选择上积极性不高，成为导致中国农业整体竞争力偏低的现状一个突出原因。

构建一个系统的面向农户需求的农业生产性服务体系，是以家庭农场为主的世界发达农业国家在农业现代化中必经的一个过程，也是目前中国亟须探讨和研究的一个迫切问题。不过，从微观主体农户角度分析其生产性服务需求影响因素的文献尚不多见。本书拟通过构建一个农户农业生产性服务业选择模型，通过调查农户对生产性服务内容及供给主体的需求，重点分析农户的农业生产性服务选择影响因素。在此基础上，提出具有针对性的农业生产性服务业发展重点并提出相应的政策建议，以期有助于提高农业生产性服务的针对性和有效性，加快中国农业现代化的步伐。因此，研究现阶段中国农业生产性服务的主要内容及服务模式，在此基础上，分析不同地区不同类型农户选择农业生产性服务业内容及组织形式的影响因素，对因地制宜、科学合理发展农业生产性服务业，促进中国农业现代化具有重要现实意义。

第二节　农业生产性服务业分类及农户选择模型构建

一　农业生产性服务业分类

综合现有学者研究观点，结合作者的乡村调查，本书认为农业生产性服务业可以从两个角度来进行划分，第一种是从农业生产性服务业为农业生产提供的服务内容来看，可以划分为现代农业生产性服务业和传统农业生产性服务业（也有学者认为，还可以从农业生产性服务业对农业生产提供服务的时序来划分，包括农业产前服务业、产中服务业和产后服务业，但笔者认为这两种划分方法根本上都是根据农业生产性服务业对农业生产提供的服务内容划分的，本质上可归为一种），其中传统农业生产性服务业主要包括农资服务和技术服务，现代农业生产性服务业主要包括两类，第一类是销售与流通服务，第二类是金融信息与专门服务。第二种是从农业生产性服务提供主体及其与农户结合的组织化程度角度来界定和划分，有三种模式，一是“政府 + 农户”的传统农业生产性服务模式。这种农业生产性服务模式是以涉农政府部门为服务主体，由国家设在县、乡、村的农技（机）站、种子站、植保站等直接为农户提供农业生产性服务，提供的服务范围广，具有社会化和公益化的性质，大都是无偿或微利的，但是提供的生产性服务较为传统且对农户家庭经营特征针对性不强，与农户结合的组织化程度很低。二是“农民专业合作社 + 农户”的农业生产性服务模式。这种模式的特点是农户自发组建的农民专业合作社成为联结农户和市场的纽带，农户与合作社之间主要依靠凝聚力约束，表现为半紧密半松散的非正式契约关系，该模式的优点是农户加入和退出便捷，减少了一家一户经营的盲目性，增强了农民的市场竞争和谈判能力。缺点是农户小生产伴随的组织性差导致彼此约束性较弱，自利性强导致农户很难协作以抵御自然和市场风险，文化水平有限导致科技应用不足等一系列问题，单靠农户与合作社很难适应农业现代化大市场。三是“涉农龙头企业 + 农户”的农业生产性服务模式。这种模式的特点是农户与涉农龙头企业通过签订合约的方式建立契约关系，涉农龙头企业借助农业产业化基地（农业园区）建设与农户结成利益互惠的共同体，涉农龙头企业充分发挥其专业化的优势，为农户提供生产资料、资金技术和信息等多种产前、产中和产后生产性服务。这种农业生产性服务模式组织化程度最高，对农户服务的针对性与约束最强。在一定程度上解决了农民的后顾之忧。缺点是农户在与企业谈判的过程中处于信息不完全和被动的地位，不利于农民的增收。

二　农户生产性服务选择模型构建

本书假设农户是理性的，对农业生产性服务的内容及组织形式选择源于其在外部限制条件下利益最大化的考虑。本书借鉴在信息技术领域广泛应用的由 Davis 基于理性行为理论中用户对信息系统接受时所提出的技术接受模型[171]，结合 TAM 和 Azen（1991）在 TRA 的基础上提出的计划行为理论（TPB）[172]，构建了一个农户农业生产性服务的选择模型，如图 7－1 所示。

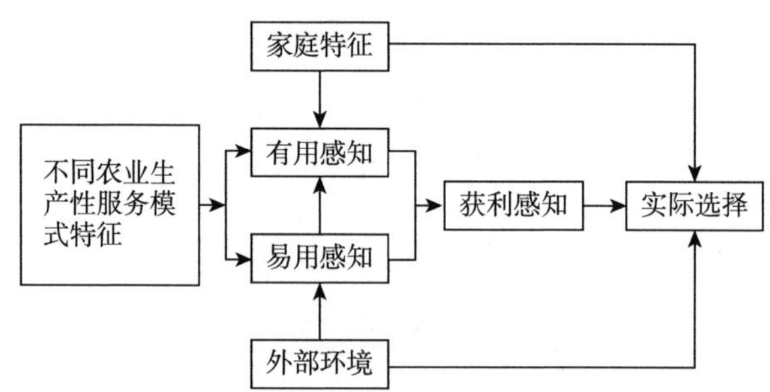

图 7－1　农户对农业生产性服务的选择模型

根据计划行为理论和技术接受模型，本书认为农户选择何种农业生产性服务内容及组织形式是由其行为意向决定的，而行为意向由农户对农业生产性服务的易用感知（行为态度、主观规范）和有用感知共同决定，农户对农业生产性服务的易用感知是由不同农业生产性服务模式的外部变量（比如提供者的特征、地理分布、服务意识等）和农户所处的环境（经营环境、自然环境等）共同决定，农户对农业生产性服务的有用感知由易用感知、农户的家庭及不同生产性服务组织特征共同决定，户主的性别、年龄、教育背景等个人因素通过影响知觉行为态度、主观规范对有用感知产生间接影响，并最终影响个体行为。农户感知农业生产性服务的易用性和有用性共同决定农户对不同农业生产性服务的获利感知，最终获利感知、农户家庭特征和农户所处环境共同决定了农户对农业生产性服务模式的选择。

本书将影响农户选择不同农业生产性服务模式的因素归为三类：第一类是农户户主及家庭的资源禀赋特征；第二类是农户外部环境特征；第三类是不同农业生产性服务模式特征。农户面对不同农业生产性服务模式的决策函数为：

$$C(\mathrm{i}) = F(E,H,T) \tag{7.1}$$

式（7.1）中，C 为选择的不同生产性服务模式；E 农户户主及家庭的资源禀赋特征；H 表示农户外部环境特征；T 代表不同农业生产性服务模式特征。由于不同农业生产性服务模式特征影响的是农户的易用感知 G、有用感知 K，因此农户面对不同农业生产性服务模式选择的决策函数可以近似转换为：

$$C(\mathrm{i}) = F(E,H,G,K) \tag{7.2}$$

各变量解释如下。

（一）农户户主特征和家庭因素

由计划行为理论可知，农户户主个人因素间接影响农户家庭的意向和行为。农户户主及家庭特征会影响其感知态度和选择意向。多项研究表明户主年龄、性别、文化程度均影响农户的决策行为。另外，成员家庭所种植的作物特征、经营规模、家庭收入状况和务农时间等不同，会导致其对不同的生产性服务有不同的偏好。

（二）外部环境特征

从交易费用的角度来看，农户选择农业生产性服务业内容及组织形式的最大影响因素，是市场交易成本，因而农户环境特征，如土地流转便利程度、道路交通情况、土地情况、气候自然灾害情况等，都会在一定程度上影响农户的选择行为。

（三）易用感知

易用感知能够降低农户与生产性服务组织之间合作的成本，选择生产性服务前获得的服务提供者信息越充分，生产性服务选择越便利，农户选择此种农业生产性服务业组织形式的可能性就越大。易用感知与农户的态度有关，农户对提供的服务越满意，就越能够形成积极的态度并采取积极的选择性行为。

（四）有用感知

有用感知指农户对选择不同生产性服务模式所获利益的评价和满意程度。农业生产性服务只有有效地针对农户需求，以合理的价格和服务满足农户各项生产需要，才能使成员自觉认同农业生产性服务价值，并且积极支持农业生产性服务业发展。

第三节　数据来源及变量设定

一　数据来源

为尽可能涵盖几大类的农产品和不同区域，本书采用分层抽样和随机抽样法。关于所用数据，在国家社科基金的资助下，笔者和学生在2014年暑假期间，以河南省为重点调查地点，采取了主要乡镇集中入户调查的方法，为了保证调查抽样的科学性和连续性，正式调查时采取入户调查方式并在确保农户隐私的前提下均留有联系方式，在每个乡镇选取1~2个村随机选取农户进行实地调查。针对其他省份采用学生分散调查模式。其余数据是笔者在中国农业科学院农业经济与发展研究所读博士后期间参与农科院课题时，对辽宁省新民市和大洼县17个乡镇的585户农户的调查数据。两轮调查共涉及4个省份37个乡镇的1256户农民，最后形成有效调查问卷1172份。

二 变量选择

本书分别以农户选择的不同生产性服务内容以及组织形式作为被解释变量，这两组被解释变量分别是1~3比例等级的分类变量。各变量解释如表7-1所示。

第一组为农户户主及家庭特征变量。

包括农户人口、家庭总收入在当地水平、户主年均累计在家务农时间、是否参加了新型农村养老医疗保险、是否种植经济作物、家庭经营的土地面积等反映家庭特征的变量，户主年龄、性别、受教育程度等反映户主个人特征的变量。

第二组为农户外部环境特征变量。

主要包括农户所在地环境特征，如所在地土地流转是否方便、道路交通情况、土地情况、自然灾害情况等。

第三组为易用感知因素变量。

该组变量包括反映农业生产性服务价格、可得性、服务信息及服务水平的变量，四者均用虚拟变量来表示。

第四组为有用感知因素变量。

本书选择使用生产性服务与农业产出、生产性服务与盈利、生产性服务与经营水平之间的关系三个变量来表示农户对选择不同生产性服务模式所获利益的评价和满意程度。三者均用虚拟变量来表示。

表 7－1　变量名称及解释

变量类型	变量代码	变量名	取值	变量解释
	Y1	因变量（农户生产性服务模式选择）	1～3	1＝农资、技术服务为主，2＝流通、销售服务为主，3＝金融信息及专门服务为主
	Y2	因变量（农户生产性服务模式选择）	1～3	1＝政府提供为主，2＝合作社提供为主，3＝龙头企业提供为主
农户户主及家庭特征	X1	户主性别	0～1	1＝女，0＝男
	X2	户主年龄	1～3	1＝35 岁以下，2＝35～55 岁，3＝＞56 岁
	X3	户主受教育程度	1～3	1＝小学及以下，2＝初中，3＝高中及以上
	X4	户主是否党员、干部	0～1	0＝否，1＝是
	X5	农户人口	1～3	1＝3 人以下，2＝4～6 人，3＝7 人以上
	X6	主要劳动力是否受过农业培训	0～1	0＝否，1＝是
	X7	家庭总收入在当地处于中上水平	0～1	0＝否，1＝是
	X8	户主年均累计在家务农时间	1～3	1＝＜3 个月，2＝3～6 个月，3＝＞6 个月
	X9	是否参加了新型农村养老医疗保险	0～1	0＝否，1＝是
	X10	是否种植经济作物	0～1	0＝否，1＝是
	X11	家庭经营的土地面积	1～4	＜5 亩＝1，6～15 亩＝2，16～30 亩＝3，＞30 亩＝4

续表

变量类型	变量代码	变量名	取值	变量解释
农户外部环境	X11	所在地土地流转是否方便	0~1	0=否，1=是
	X13	农户所处地理位置的交通条件	0~1	0=较好，1=较差
	X14	农户所在乡村与中心城市距离	0~1	0=较远，1= 较近
	X15	所在乡村生产性基础设施是否齐全	0~1	0=是，1=否
	X16	所在乡村最近两年是否有自然灾害	0~1	0=否，1=是
	X17	所在乡村的土地类型	1~3	1=丘陵，2=山地，3=平原
易用感知	X18	生产性服务价格是否难以接受	0~1	0=否，1=是
	X19	是否能方便得到所需的生产性服务	0~1	0=否，1=是
	X20	是否及时知道涉农生产信息	0~1	0=否，1=是
	X21	你是否遇到过服务纠纷	0~1	0=否，1=是
有用感知	X21	使用生产性服务能提高产出	0~1	0=否，1=是
	X21	使用生产性服务能增加盈利	0~1	0=否，1=是
	X24	使用生产性服务能提高经营水平	0~1	0=否，1=是

三　变量描述性分析

表7-2、表7-3、表7-4、表7-5、表7-6给出了模型中各变量的基本统计特征。

（一）农户生产性服务模式选择

调查结果显示，在分类1中，选择农资、技术为主的生产性服务的农户占样本农户的38.23%，选择流通、销售服务为主的生产性服务的农户占样本农户的40.36%，选择金融信息及专门服务为主的生产性服务的农户占样本农户的21.42%。在分类2中，选择政府提供为主的生产性服务的农户占样本农户的46.33%，选择合作社提供为主的生产性服务的农户占样本农户的40.53%，选择龙头企业提供为主的生产性服务的农户占样本农户的13.14%。

表7-2　被解释变量描述性分析

	均值	标准差	分组	选择农户数	占调查农户比例（%）
分类1：农户生产性服务模式选择	—	—	农资、技术服务为主=1	448	38.23
			流通、销售服务为主=2	473	40.36
			金融信息及专门服务为主=3	251	21.42
分类2：农户生产性服务模式选择	—	—	政府提供为主=1	543	46.33
			合作社提供为主=2	475	40.53
			龙头企业提供为主=3	154	13.14

（二）农户户主特征和家庭因素变量

表7-3　农户户主及家庭特征变量描述性分析

	均值	标准差	分组	选择农户数	占调查农户比例（%）
户主性别	—	—	男=0	1012	86.35
			女=1	160	13.65
户主年龄	2.62	1.16	35岁以下=1	338	28.86
			36~55岁=2	608	51.91
			56岁以上=3	225	19.23

续表

	均值	标准差	分组	选择农户数	占调查农户比例（%）
户主受教育程度	2.57	1.03	小学及以下 =1	350	29.90
			初中 =2	607	51.75
			高中及以上 =3	215	18.35
户主是否党员、干部	—	—	否	1062	90.61
			是	110	9.39
农户人口	2.06	0.806	3 人以下 =1	195	16.45
			4～5 人 =2	832	70.85
			6 人以上 =3	145	12.70
主要劳动力是否受过农业培训	—	—	否	583	49.78
			是	589	50.22
家庭总收入在当地处于中上水平	—	—	否	914	77.99
			是	258	22.01
户主年均累计在家务农时间	2.09	0.71	<3 个月 =1	425	36.25
			3～6 个月 =2	592	50.55
			>6 个月 =3	155	13.20
是否参加了新型农村养老医疗保险	—	—	否	133	11.39
			是	1039	88.61
是否种植经济作物	—	—	否	746	63.67
			是	438	37.33
家庭经营的土地面积	1.68	0.63	<6 =1	395	33.70
			6～15 =2	613	52.28
			16～30 =3	133	11.35
			>30 =4	23	1.93

表7－3给出了模型中农户户主及家庭特征变量描述性分析基本统计特征。从表7－3可以看出，有86.35%的户主为男性，有9.39%的农

户户主为党员、干部，有 22.01% 的农户认为自己属于本村中上水平，有 50.22% 的主要劳动力受过农业培训，88.61% 的农户参加了新型农村养老医疗保险，有 37.33% 的农户种植经济作物，有 77.99% 的农户认为家庭总收入在当地处于中低水平。户主年龄均值为 2.62，代表调查户主年龄的平均值为 39 岁左右；户主年均累计在家务农时间为 2.09（说明户主年均在家务农时间均值为 3 个月左右）；户主受教育程度均值 2.57，代表调查户主平均为初中文化水平；农户人口均值为 2.06，代表调查农户人口约为 4.2 人。农户家庭经营的土地面积为 1.68，代表家庭经营的土地面积为 10.3 亩左右。

（三）外部环境特征变量

表 7－4　农户外部环境变量描述性分析

	均值	标准差	分组	选择农户数	占调查农户比例（%）
所在地土地流转是否方便	—	—	否	909	77.56
			是	263	22.44
农户所处地理位置的交通条件	—	—	1 = 较差	414	35.32
			0 = 较好	758	64.68
农户所在乡村与中心城市距离	—	—	0 = 较近	380	32.42
			1 = 较远	792	67.58
所在乡村生产性基础设施是否齐全	—	—	否	267	22.78
			是	905	77.22
所在乡村近两年是否有自然灾害	—	—	否	968	82.59
			是	204	17.41
所在乡村的土地类型	1.25	0.21	1 = 平原	779	66.47
			2 = 丘陵	249	21.25
			3 = 山地	144	12.29

表7－4给出了模型中农户外部环境变量的基本统计特征。从表7－4可以看出，有22.44%的农户所在地土地流转方便，有35.32%的农户认为所处地理位置的交通条件较差，有64.68%的农户所处地理位置的交通条件较好，有67.58%的农户所在乡村距中心城市距离较远，77.22%的农户所在乡村生产性基础设施较齐全，17.41%的农户所在乡村近两年有自然灾害，有66.47%的农户所在乡村的土地类型为平原，有21.25%的农户所在乡村的土地类型为丘陵，有12.29%的农户所在乡村的土地类型为山地。

（四）易用感知因素变量

表7－5　农户易用感知因素变量描述性分析

	均值	标准差	分组	选择农户数	占调查农户比例（%）
生产性服务价格是否难以接受	—	—	否	416	35.52
			是	756	64.48
是否能方便得到所需生产性服务	—	—	否	535	45.67
			是	637	54.33
是否及时知道涉农生产信息	—	—	否	695	59.32
			是	477	40.68
你是否遇到过服务纠纷	—	—	否	734	62.59
			是	438	37.41

表7－5给出了模型中易用感知因素变量的基本统计特征。从表7－5可以看出，64.48%的农户认为生产性服务价格偏高，有54.33%的农户认为能方便得到所需生产性服务，40.68%的农户认为能及时知道涉农生产信息，37.41%的农户遇到过服务纠纷。

（五）有用感知因素变量

表 7－6 农户有用感知因素变量描述性分析

	均值	标准差	分组	选择农户数	占调查农户比例（%）
使用生产性服务能提高产出	—	—	否	284	24.23
			是	888	75.77
使用生产性服务能增加盈利	—	—	否	512	43.69
			是	660	56.31
使用生产性服务能提高经营水平	—	—	否	920	78.47
			是	252	21.53

表7－6给出了模型中有用感知因素变量的基本统计特征。从表7－6可以看出，认为使用生产性服务能提高产出的农户占75.77%，认为使用生产性服务能增加盈利的占56.31%，认为使用生产性服务能提高经营水平的占21.53%。

第四节　检验模型和实证分析

一　研究方法

由于本书中农户生产性服务选择是不连续的变量，是以分类数据为主的一个多值选择问题，因此，本书考虑使用多值响应模型，对于农户而言，其选择的农业生产性服务总是最适合自己的，并没有所谓的绝对好坏之分，因此本书选择使用多值无序响应模型（mlogit模型）。

$$\ln \frac{p_{ij}}{p_{im}} = f(x_i) + \varepsilon_i \tag{7.3}$$

式（7.3）中，$j \neq m$；$m=1,2,m$；P_{ij}代表第 i 个农户对第 j 种农业生产性服务需求的概率，P_{im}代表第 i 个农户对第 m 种农业生产性服务需求的概率，x_i为农户选择不同农业生产性服务的考虑因素。在三种不同分类的农业生产性服务选择中，分类 1 中选择流通、销售服务为主的最多（40.36%），分类 2 中选择政府提供为主的最多（46.33%），因此，本书分别以流通、销售服务，政府提供为主的服务作为对照组建立两个模型，即：

$$
\text{模型 1}\begin{cases}\ln \dfrac{p_2}{p_1}=\beta_{20}+\beta_{21}E+\beta_{22}H+\beta_{23}G+\beta_{14}K+\beta_{15}N+\varepsilon \\ \ln \dfrac{p_3}{p_1}=\beta_{30}+\beta_{31}E+\beta_{32}H+\beta_{33}G+\beta_{34}K+\beta_{35}N+\varepsilon\end{cases} \tag{7.4}
$$

$$
\text{模型 2}\begin{cases}\ln \dfrac{p_5}{p_4}=\beta_{40}+\beta_{41}E+\beta_{42}H+\beta_{43}G+\beta_{44}K+\beta_{55}N+\varepsilon \\ \ln \dfrac{p_6}{p_4}=\beta_{60}+\beta_{61}E+\beta_{62}H+\beta_{63}G+\beta_{64}K+\beta_{65}N+\varepsilon\end{cases} \tag{7.5}
$$

模型（7.4）中，1、2、3 分别代表流通、销售服务，农资、技术服务，金融信息及专门服务；模型（7.5）中，4、5、6 分别代表政府提供为主、合作社提供为主、龙头企业提供为主。

二 模型估计结果及其分析

根据多值无序响应模型进行估计，结果见表 7 -7。

下面是对农户消费意愿模型的分项解释。

（一）农户户主特征和家庭因素对农户生产性服务模式选择的影响

在模型 1 中，在以流通、销售服务为对照的模型中，党员干部和受教育程度为高中以上的户主在金融信息及专门服务中系数为正，在农资、

表 7－7　农户农业生产性服务选择多值无序响应模型（mlogit 模型）估计

自变量	模型 1				模型 2			
	P2 \ p1		P3 \ p1		P4 \ p5		P6 \ p5	
	系数	标准差	系数	标准差	系数	标准差	系数	标准差
c	2.473**	0.741	2.112**	0.623	1.932**	0.518	1.869**	0.461
户主性别	0.457*	0.34	-0.641*	0.362	-0.456*	0.571	-0.672*	0.576
户主年龄＝1	-0.314*	0.522	0.413*	0.634	0.245	0.257	0.413*	0.254
户主年龄＝2	-0.731**	0.368	0.676**	0.398	0.693**	0.528	0.593**	0.638
户主年龄＝3	0.422**	0.531	-0.651**	0.746	-0.167**	0.423	-0.665**	0.472
户主文化程度＝1	0.315*	0.252	-0.465**	0.413	0.456*	0.363	-0.643**	0.543
户主文化程度＝2	0.244*	0.564	0.141	0.782	0.264	0.592	0.164	0.278
户主文化程度＝3	1.473**	1.331	1.683*	1.427	0.347	0.455	1.653*	2.852
是党员、干部	0.231*	0.154	0.377**	0.821	0.452**	0.467	0.363**	0.682
农户人口＝1	0.199**	0.954	0.166	0.542	-0.217**	0.156	-0.076	0.472
农户人口＝2	0.478	0.454	0.414	0.578	0.116	0.522	0.134	0.778
农户人口＝3	-0.245	0.287	0.087	0.581	0.733	0.318	0.227	0.521
受过农业培训	-0.407**	0.501	0.201*	0.354	0.457**	0.435	1.582*	1.252
总收入处中上水平	-1.231*	2. 528	1.783**	1.652	0.572**	0.537	0.963**	1.463
累计务农时间＝1	-0.235	0.427	0.561**	0.565	0.656**	0.542	0.415**	0.516

续表

自变量	模型 1				模型 2			
	P2 \ p1		P3 \ p1		P4 \ p5		P6 \ p5	
	系数	标准差	系数	标准差	系数	标准差	系数	标准差
累计务农时间 =2	0.147	0.786	0.134	0.554	0.131	0.365	0.661	0.652
累计务农时间 =3	0.736**	0.753	-0.337*	0.438	-0.571**	0.368	-0.754**	0.361
参加养老医疗保险	-0.237	2.252	1.083*	0.445	0.497	0.451	1.457**	0.465
种植经济作物	-0.433**	1.182	0.452**	0.457	0.532**	0.345	1.843**	0.537
经营的土地面积 =1	0.567*	0.365	-0.667	0.422	-0.479*	0.338	-0.455**	0.586
经营的土地面积 =2	-0.455	0.448	0.143	0.718	0.541**	0.114	0.171	0.562
经营的土地面积 =3	0.762	0.436	0.552	0.851	0.768**	0.567	0.723	0.358
经营的土地面积 =4	0.576*	0.914	1.654*	1.852	1.347*	2.652	2.237**	0.485
土地流转方便	-0.164*	0.415	0.685**	0.576	0.619*	0.754	1.253**	0.495
交通条件 =1	0.557**	1.457	-1.667*	2.980	-0.634*	0.469	-0.546**	0.714
距中心城市近	-0.305	0.617	0.793*	0.691	0.523*	0.551	-0.623**	1.883
生产基础设施齐全	1.756*	1.414	1.572*	1.531	1.543*	1.487	0.427**	0.435
近两年有自然灾害	0.683*	0.591	2.233*	2.351	-0.562**	0.382	-0.883**	0.462
土地类型 =1	-0.534**	1.081	0.913*	0.748	0.649*	0.465	1.145**	0.542
土地类型 =2	0.129	0.752	-1.234*	0.914	-1.353*	0.378	-1.216**	0.432

续表

自变量	模型 1				模型 2			
	$P2 \setminus p1$		$P3 \setminus p1$		$P4 \setminus p5$		$P6 \setminus p5$	
	系数	标准差	系数	标准差	系数	标准差	系数	标准差
土地类型 = 3	0.467	0.368	-1.456*	2.762	-0.083	0.412	-1.106**	0.442
服务价格难以接受	0.793**	0.463	-0.345**	0.238	0.155	2.134	-1.683*	1.058
方便得到服务	-0.134**	0.678	0.973**	0.768	0.734*	0.791	0.623*	0.651
及时知道信息	-0.165**	0.356	0.347	0.581	1.456*	1.414	1.674*	2.234
遇到过服务纠纷	1.233*	2.342	-0.983*	0.878	-0.265*	0.726	-1.573*	0.645
能提高产出	0.923*	0.478	0.273*	0.751	0.897**	1.082	-0.956**	0.565
能增加盈利	-0.476**	0.545	0.188**	0.465	0.546*	1.514	1.467*	2.688
能提高经营水平	-0.213	0.714	-1.345	1.454	0.183*	0.791	0.423*	0.151

注：*、** 和 *** 分别表示 10%、5% 和 1% 的统计显著水平。

技术服务中系数为负，通过了显著性检验，说明党员干部和受教育程度较高的农户更倾向于接受金融信息及专门服务，而对农资、技术服务需求偏弱；年龄小于56岁的户主在资金服务需求模型中系数为正，大于56岁时系数为负，说明年龄偏大的户主对金融信息及专门服务的需求较低；文化程度较低的农户偏向农资、技术服务；户主为女性的农户更偏好农资、技术服务。关于家庭经济特征，参加过培训、参加了新型农村养老医疗保险、种植经济作物的农户在金融信息及专门服务中通过了显著性检验，说明这些农户更倾向于接受金融信息及专门服务，总收入处中上水平的农户在农资、技术服务中系数为负，通过了显著性检验，说明这些农户接受农资、技术服务意愿趋弱，家庭经营的土地面积大于50亩在农资、技术服务，金融信息及专门服务中系数为正，通过了显著性检验，金融信息及专门服务系数更大，说明规模经营农户更倾向于金融信息及专门服务，家庭经营的土地面积小于10亩在农资、技术服务、金融信息及专门服务中系数为负，通过了显著性检验，说明小规模经营农户更倾向于流通、销售服务。累计在家务农时间超过6个月的农户更倾向于接受农资、技术服务，累计在家务农时间少于3个月的农户更倾向于接受金融信息及专门服务。农户人口小于3人时更倾向于接受农资、技术服务，其他人口数量对生产性服务模式没有明显的影响。

在模型2中，在以政府提供服务为对照的模型中，户主年龄为36~55岁和受教育程度在高中以上、家庭经营的土地面积大于30亩、是党员干部分别在农民专业合作社、涉农龙头企业提供服务中系数为正，且通过了显著性检验，说明这些农户更容易接受农民专业合作社、涉农龙头企业提供的生产性服务，其中党员干部、青壮年农户和受教育程度较高的农户更倾向于接受涉农龙头企业服务；参加培训情况对农户选择农民专业合作社提供的生产性服务有正向影响，种植经济作物的家庭选择涉农龙头企业提供服务的概率明显增加，户主年龄大于56岁、累计在家务农时间超过6个月、家庭经营的土地面积小于6亩对选择涉农龙头企业的生产性服务有负向影响。家庭经营的土地面积在6~15亩及16~30亩者对农民专业合作社提供的生产性服务需求明显增强。中高收入者更倾向于选择农民专业合作社提供的生产性服务。户主为女性的农户分别在农民专业合作社、涉农龙头企业提供服务中系数为负，且通过了显著性检验，说明女性户主偏好选择政府提供的服务，参加新型农村养老医疗保险的农户家庭更容易接受农民专业合作社、涉农龙头企业提供的生产性服务。农户人口小于3人时农民专业合作社系数为负，说明农户更倾向于政府提供的服务，其他人口数量对生产性服务模式选择没有明显的影响。

（二）外部环境特征对农户选择行为的影响

在模型1中，农户所在地土地流转方便、距中心城市近、土地类型为平原在金融信息及专门服务中系数为正，在农资、技术服务中系数为负，通过了显著性检验，说明交通方便和接近中心城市的农户更倾向于接受金融信息及专门服务，而对农资、技术服务需求偏弱；最近两年有自然灾害、所在乡村水电等生产性基础设施较差、交通较差、土地类型为丘陵和山地者在农资、技术服务中系数为正，说明生产性基础设施差的农户农资、技术服务需求偏强，土地类型为丘陵和山地的农户对农资购买服务需求较强。最近两年有自然灾害在金融信息及专门服务中系数为正，农户更倾向于接受金融信息及专门服务。

在模型2中，所在地土地流转是否方便对农户选择农民专业合作社提供的生产性服务有正向影响，农户所处地理位置的交通条件较好、距中心城市近、土地类型为平原分别在农民专业合作社、涉农龙头企业提供的服务中系数为正，且通过了显著性检验，说明这些农户更容易接受农民专业合作社、涉农龙头企业提供的生产性服务；最近两年有自然灾害在农民专业合作社、涉农龙头企业提供的服务中系数为负，农户更倾向于接受政府提供的服务，这从一个侧面也说明灾害保险等服务社会化不足。所在乡村水电等生产性基础设施差、土地类型为丘陵和山地在农民专业合作社、涉农龙头企业提供的生产性服务中系数为负，说明所处自然环境较差的农户倾向于接受政府提供的服务。

3. 易用感知因素对农户选择行为的影响

在模型1中，能方便得到所需的生产服务、及时知道涉农生产信息在金融信息及专门服务中系数为正，在农资、技术服务中系数为负，通过了显著性检验；说明生产服务的便利性和信息快速揭示会促使农户倾向于接受金融信息及专门服务，而遇到过服务纠纷在金融信息及专门服务中系数为负，说明金融信息及专门服务争议会导致农户拒绝这一类服务。认为生产性服务价格难以接受的农户偏向农资、技术服务，而该因素对金融信息及专门服务选择有着显著的负面影响。

在模型2中，能方便得到所需的生产服务、及时知道涉农生产信息在农民专业合作社、涉农龙头企业提供的服务中系数均为正，在涉农龙头企业提供的服务中系数更大，通过了显著性检验，说明生产性服务的便利性和信息快速揭示会促使农户倾向于接受涉农龙头企业提供的服务，而遇到过服务纠纷在涉农龙头企业提供的服务中的系数为负，在农民专业合作社提供的服务中系数为正，通过了显著性检验，说明现阶段中国农户对农民专业合作社服务认可度较高。认为生产性服务价格难以接受在涉农龙头企业提供的服务中显著为负，说明现阶段高服务价格直接阻碍了农民选择涉农龙头企业意愿的提高，而对农民专业合作社无显著影响。

4. 有用感知因素对农户选择行为的影响

在模型1中，认为使用生产性服务能增加盈利、提高经营水平在金融信息及专门服务中系数为正，通过了显著性检验，说明此类有用感知会促使农户倾向于接受较为高端的金融信息及专门服务；认为使用生产性服务能提高产出在农资、技术服务中系数为正，通过了显著性检验，说明提高产出促使农户倾向于农资、技术服务，认为能提高经营水平对农户生产性服务内容选择没有显著影响。

在模型 2 中，认为使用生产性服务能增加盈利在农民专业合作社提供的服务、涉农龙头企业提供的服务中系数为正，通过了显著性检验，对选择涉农龙头企业提供的服务影响更显著，说明盈利有用感知会促使农户倾向于接受涉农龙头企业提供的服务。认为使用生产性服务能提高产出在农民专业合作社提供的服务中系数为正，通过了显著性检验，说明高产出感知促使农户更倾向于农民专业合作社提供的服务。认为使用生产性服务提高经营水平对选择涉农龙头企业提供的服务有正向影响。

第五节　政策启示

本书研究表明，在农户对生产性服务的需求内容方面，农户更多是选择技术服务和销售服务，从需求组织形式偏好来看，大部分农户更倾向政府服务和农民专业合作社服务。在中国“小生产、大市场”农业背景基础下，想要发挥农业生产性服务业在改造传统农业中的积极作用，就必须了解农户对农业生产性服务的需求，想方设法增加农业生产性服务的有效供给，本书的政策含义如下。

（一）政策多方位支持，降低各类农业生产性服务提供的价格，规范各类生产性服务提供主体行为

随着中国农业发展水平的提高，其对农业生产性服务的依赖和需求也在不断提高。但是，由于农业生产性服务业投入少、内部结构不平衡、市场化和专业化程度低等原因，整体上中国农业生产性服务的价格偏高，较高的服务费用在一定程度上削弱了农户的生产性服务的需求。政府应健全发展农业生产性服务业的支持政策，一方面，明确政府提供必要农业生产性服务公共产品的职能；另一方面，农业生产性服务业的

发展在总体上尚处于亟待引导和扶持的初级阶段，要通过必要的税收以及金融支持，设立专项的生产性服务基金，放宽和降低农业生产性服务业进入门槛，引导民间资本进入农业生产性服务业。建设专业化水平高、稳定性强的专业合作社及龙头企业，助其提升能力，加速转型升级改造，降低农业生产性服务的价格。同时，政府应规范各类生产性服务组织行为，尤其是契约执行、利益分配等方面的行为，确保不损害农户利益。

（二）针对不同地区农户生产经营的需要，鼓励发展不同侧重点的农业生产性服务供给内容及供给主体，以促进区域农业发展

农村居民环境对农户生产性服务模式选择有重要影响。在调查中我们发现，目前，在较为偏远或交通不方便的农村地区，农民最迫切要求提供的仍然是“政府+农户”的农资与农业技术等生产环节上的服务，这类地区政府部门应依托各类已有农机农技推广中心、种子站等站所，积极加强公共基础设施为主的农业生产性服务体系建设。在离中心城市较近或交通发达的农村地区，农户土地流转行为较多，种植经济作物也较多，普遍需要有针对性的组织化程度较高的服务，如订单农业、金融信息服务等，这类地区的政府部门应积极构建面向农户的提升农业产业链收益的现代农业生产性服务体系，扶持多样化农民专业合作社和涉农龙头企业加强自身建设，为本地区农户提供针对性强的信息、资金、技术和销售等服务，对容易发生自然灾害的地区，要有针对性地为农户提供农业保险服务。

（三）综合利用农村广播、电视等传统媒介，结合互联网、手机短信等新媒介，帮助农民及时了解不同模式生产性服务信息，增强其对生产性服务的易用感知，方便其理性选择

对不同生产性服务内容及组织形式的认知，对农户生产性服务理性选择有显著的影响。在调研中我们也发现，由于发展时间不长，农户对

涉农龙头企业生产性服务的认知（包括其提供的服务内容等信息）非常有限，从而影响了他们选择有效服务的积极性。鉴于此，地方政府应以“三农”信息为主体，联合龙头企业，积极打造农业生产性服务信息公共交流平台，在农户中加强对生产性服务相关知识的宣传力度，加快整合传统媒介与互联网、手机等新媒介，提高农业生产性服务信息的覆盖率和到达率，让农村受众充分了解农业生产性服务所能带来的便利。

（四）加快综合性的农村社会保障体系建设

参加各类保险与农户生产性服务内容及组织形式选择高度相关，农村居民医疗、养老等社保体系的缺失，会造成农民对未来不确定性的担忧，造成更多的农户被动接受现有的生产性服务，而非理性选择更适合自身的生产性服务，因此加大政府对农村医疗、养老保险的支持力度，确立农村社会养老保险制度的法律地位，提高其覆盖率，自然就可以有效促使农户对生产性服务内容及组织形式的理性选择。

（五）提高农业生产性服务业的市场化、产业化和专业化水平

由于农户经营分散，中国农业生产性服务发展无法形成集聚效应，从供需角度来说，中国农业生产性服务业存在需求与供给不匹配问题，调研中笔者发现，多地农户选择农资（化肥、种子、农药等）、农具、农业技术等传统的农业生产性服务，不是出于最需要，而是只能较为方便地得到这些服务。因此建议各地政府，结合实际，因地制宜，有选择性地在优势区域优化资源配置，发展优势和重点农业生产性服务业，发挥其集聚和辐射效应。比如整合集成具有市场化、产业化和专业化水平的政策性金融、商业性金融和农村合作组织金融相互融合的集农村金融科技服务及农业资讯等服务于一体的农业生产性服务体系，形成农业生产性服务业链，为农户提供有效服务，从而整体带动区域层面的农业发展由粗放型向集约型转变。

（六）加快农村土地产权制度改革，促进农业生产性服务业规模化发展

本书研究表明，土地流转的方便与否、家庭经营土地面积均影响农户对农业生产性服务的选择。目前，中国农业生产性服务业整体发展水平低、规模小，这与中国农业中农户适度规模经营缺乏有直接关系，而土地规模化经营是促进农业生产性服务业高效发展的重要因素，同时高效规模化的农业生产性服务业也能带来农业经营水平的提高。由于中国农户土地经营权的权能缺失和产权转移困难，土地难以得到合理分配和规模化经营，因此，建立农地使用权流转制度关乎中国农业生产性服务业发展进程。加快农地所有权、承包权、经营权的确权。首先，要培育完善的农地使用权流转市场，规范农户农地确权和产权转让形式，建立完善的农村土地价格形成机制；其次，基层政府和集体组织要做好相关服务工作，如信息资讯的及时发布、土地流转相关的法律咨询、相关利益协调等，确保土地流转规范有序。赋予农民更多的土地财产权利，可以充分释放生产力，形成农业的适度规模经营，促进农业生产性服务业发展。

（七）积极对农户展开各种培训，引导农户选择合适的生产性服务内容及组织形式

作者在调查中也发现，户主的受教育水平越高，参加各种培训越多，越能正确认识不同生产性服务的特点及好处，对农户有针对性选择生产性服务模式有积极的影响，同时，年龄大于55岁的户主接受新的生产性服务内容及模式的意愿不足，因此，通过农业培训等一些科教手段，使更多的农户接受各类生产性服务组织的“互助、互惠、互利”观念，了解其在获取市场帮助、分散市场风险等方面的优势。结合农户家庭的实际情况（如劳动力数量等），通过对农户家庭情况进行全面调查和了解，把握农户的农业生产性服务内容及组织形式选择意愿，引导农户进行行之有效的生产性服务模式选择，加快完成当地农业现代化进程。

第八章　提升农业生产性服务体系外溢效应的框架构建与发展机制研究

本章首先建立了一个制度分析框架，从制度角度分析制约现在中国农业生产性服务体系外溢效应发挥的障碍，针对目前中国农业生产性服务业发展的特点，构建了着力扩大外溢效应发挥的农业生产性服务体系运行框架，并对其运行机制进行了分析，提出了提升农业生产性服务体系外溢效应的基本运行机制，包括引导激励机制、市场规范机制、合作创新机制、共享分担机制，并据此提出建设中国农业生产性服务体系以促进其外溢效应发挥的制度安排。

第一节　制约农业生产性服务体系外溢效应发挥的主要因素

一　长期重城市轻农村的政策障碍

当前，中国农业产业发展速度缓慢，现代化程度不高，农业生产性服务业发展也亟待加速。在资源分配上，工业与农业之间、城镇和农村之间矛盾深刻。而中国现行的政策不够完善，导致农业生产性服务业规模及质量不高，严重制约其外溢效应的发挥，突出表现在以下几点：第一，与其他行业相比，中国农业生产性服务业税负偏高。中国长期重视工业发展轻视服务业发展，因此形成了工业、服务业二元化结构税收现象。与发达国家相比，中国农业生产性服务相关税收标准显著偏高。测算表明，中国农业生产实际相关税率最低为45%。和其他优先发展的产业相比，农业生产性服务业承受着更大的税收压力，享受着更少的社会扶持。第二，缺乏对农业生产性服务业的保护。中国在对农产品征税时，对不同产品适用不同的规定。对于农民销售的没有加工或只有经过简单加工的农产品，不征收增值税，对于销售的经过初级加工的农产品按照13%的标准征收增值税，对于经过深加工的产品，则征收17%的增值税。这样的税收制度表面上看起来对农民有利，但是农民承受的主要税负，如购买农资的增值税是无法避免的。在调查中项目组发现，农民购买500元的大豆种子时，他所承受的增值税是500×17%＝85元，然后以1000元的价格卖掉大豆，由于免收增值税的规定，该农民获得收益为1000－（500＋85）＝415元。如果没有这项免税措施，那么在销售大豆时，该农民就可以从顾客手中另得到1000×17%＝170元的增值税销项税额，那么该农民获得收益为（1000＋170）－（500＋85）＝585元。一般来讲，经过深加工的农产品通常具有较高的附加值，农业产业链的大部分利润也都在这个环节上产生，这是农民收入的重要来源之一，17%的增值税率对于深加工企业来说还是较重的，不利于生产性服务企业发展。另外，不同的税收标准还会导致同样的农业生产性服务企业承担不同税负的现象出现。深加工企业要比轻加工企业承受更多的税，这会导致农产品潜在价值得不到充分挖掘、农业生产服务业结构不合理。第三，税收优惠制度不足，不足以支持农业生产性服务组织发展。当前，政府在支持农业生产性服务企业发展时，所出台的优惠政策通常局限于农业生产性服务龙头企业或重点企业，缺少该领域企业普遍适用的优惠政策。第四，对农业生产性服务业的财政补贴力度不够。在发达国家，政府对农业生产性服务业补贴规模较大，在美国，政府补贴占的比重为20%；在欧盟，该比重为31%；在日本，该比重在60%以上。中国财政对农业生产性服务业的补贴虽然一直在增加，但其中存在的问题也很多，如补贴资金绝对规模小、没有科学规划导致补贴方式和方向存在问题、补贴资金使用效率低等。这些问题使财政补贴难以达到预期目标。

二　二元化的投资机制制约农业生产性服务体系外溢效应发挥

第一，农业生产性服务业投资规模小。近几年，中国财政对农业生产性服务业的投资支出增长速度较快，但绝对数量仍然很小，只占财政总支出的5%左右，而在农业经济发达的欧盟，该比重在30%左右。另外，农业生产性服务业投资缺乏连续性，没有形成一个稳定的投资增长机制，财政投资不足已经成为制约农业生产性服务业发展的重要因素。

第二，农业生产性服务业投资结构不均衡。在中国当前的投资支出结构中，占比最大的是生产型支出和事业费，其次为基本建设支出，最低的是科研支出。实际上，这三项支出中边际产出效应最高的是科研支出，最低的为基本建设支出。因此当前财政对农业生产性服务业投资支出结构的不合理导致财政资源被浪费，财政支出在促进农业生产性服务业发展中没有起到相应的作用。

第三，农业生产性服务业发展急需的资金投入来源渠道单一。农业生产性服务业发展资金来源渠道少，主要集中于财政资金拨付和地方政府投资支持这两个渠道。一些农业大省的生产性服务业发展对财政资金依赖程度高达40%。另外，由于资金使用效率低，且没有的带动其他渠道资金投入，农业生产性服务业发展受到限制。

三　户籍政策障碍制约农业生产性服务体系外溢效应发挥

户籍制度阻碍了农业生产性服务业现代化发展。中国户籍制度造成了城乡人口分割，农村发展和城市发展脱节，先进的生产生活方式难以影响到农村，先进的人才、信息和科技也难以流动到农业生产性服务中，农村中存在的诸多对生产性服务业现代化发展不利的因素得不到矫正，落后的意识得不到提高，导致农村居民素质得不到改善，农业生产性服务业的人才需求得不到满足，发展步伐缓慢。农业生产性服务业收益日益降低，进而导致农业生产效率低下。

四　土地制度障碍制约农业生产性服务体系外溢效应发挥

农村土地制度是发展农业生产性服务业的基础，当农村土地制度和农民利益一致时，农民的积极性会被充分调动，促进农业生产及相关服务业的发展。20 世纪 80 年代初期，家庭联产承包责任制开始推行，个人付出与收入挂钩，使农民生产的积极性大增，解放了农村生产力，但随着改革程度加深，其带来的收益正在逐渐降低。目前的农地制度已经不适应相关生产性服务业发展的要求，影响农业生产性服务业规模化发展。第一，农地承包经营权残缺。虽然农村家庭是经营农村土地的主体，但是农民只能有限地决定在农地上经营何种农产品，并不能自由地使用，没有土地出租、入股、抵押等处分权利。这也导致农地经营权难以充分流动，土地市场不平衡。第二，农地经营权过于分散。由于家庭的承包，农村土地被分散，各个地块狭小，农地征用制度损害农民利益。土地经营权被严重分散，由于经营规模过小，个体农民难以抵御自然风险和市场风险，农业劳动生产率低，农产品成本较高，农民经营耕地相对收入低，导致农业生产性服务业规模化发展难以实现，抑制了农业生产性服务业发展。

第二节　着力构建促进外溢效应发挥的农业生产性服务体系框架

一　中国生产性服务体系的现状及存在的不足

（一）农村生产性服务业内部结构尚待优化，尚未形成完整体系

中国的农业生产性服务尚未形成完整体系，主要体现在以下几个方面：①农业生产性服务业涉及的资源较多，有农户、龙头企业、农产品批发市场、农机站等，在现行多头管理、交叉管理体制下，政府各部门的人员在制定政策时都从各自部门的利益出发，即出现所谓的“碎片化权威”；②在对中国农业生产性服务体系的投入中，农业结构这几年发生了很大的变化，随着越来越多的特色新型农业模式的出现，农民对物流服务、信息、金融保险等特色化服务的需求也越来越多，但目前这些现代生产性服务投入比例严重不足，导致生产性服务未能与农业同步发展、相互促进。

（二）农业生产性服务业投入不足

农业经济的发展离不开资金和人才等的投入，落后的农村更加需要外部资金的注入，需要通过专业人才的技术带动农村生产性服务业健康发展。目前中国与世界上农业发达国家相比投入严重不足，主要表现在以下两个方面。①资金投入严重不足。2013 年，中国的农林牧渔服务业固定资产投资严重不足，仅为全国固定资产投资额的 5.26%。②人才投入不足。2012 年，农业生产性服务业从业人数占农村总人口的比重为 6.73%，远低于发达农业国家。同时，现有从业人员也没有跟上时代的步伐，未参加相关的培训，导致知识结构单一、没有更新知识体系，所以很难全方位地为农民提供有效和切实的服务。

（三）农村生产性服务体系市场化和专业化程度低

长期以来，中国传统的农业生产方式为家庭分散式经营，这种生产方式以家庭为单位，规模很小，区域分散化导致资源分散。因为农业生产很难形成规模，提供专业化服务成本很高，专业化水平不高，所以农业生产性服务业达成交易所需费用比较多，再加上中国对专业农技人员培训不到位，中国严重缺乏懂技术懂管理的人才，目前中国生产性服务企业都是小型企业或者以农民合作社的形式存在，市场竞争的力量很弱，小企业能提供的服务类别少，而且服务水平很低，没有达到标准化的服务水平。所以中国农业生产性服务业达到专业化还有很长的路要走。农业生产性服务业在中国处于刚刚形成阶段，市场化程度不高，供给还远远不能满足市场需求。因为中国生产性服务业社会化程度不高，还没有形成规模化，而且中国农民意识欠缺，没有外包生产性服务的意识，对生产性服务的需求自然就少了，导致中国农业生产性服务业的发展和壮大受到了很大的限制，农业生产性服务业市场化也就成了一件困难的事。

二　中国农业生产性服务体系的特点及框架构建——基于发挥外溢效应的视角

（一）中国农业生产特点对农业生产性服务体系的要求

中国农业是典型的以一家一户为主的小生产大市场模式，主要特点有：①农户土地规模小，农民经营分散；②组织化、专业化程度低；③技术创新能力弱；④品种有明显的地域性差别；⑤生产主体兼业化突出。本书认为，要改变中国农业传统的生产方式，完成小规模农业向现代农业的转变，重在构建一种社会化生产性服务方式，跨区作业提高农业产业化、市场化、标准化、规模化和机械化水平，从生产性服务社会化着手，从专业化分工、产业链整合、价值链升值多个层面，结合地区实际，完善农业生产性服务体系，提高农业生产经营的组织化程度，延伸农业产业链，由社会化生产性服务组织承担价值链增值功能，构建一个多类型生产性服务主体紧密结合农户的统一经营的大市场体系，可以有效促进中国农业的现代化。

（二）有益于外溢效应发挥的中国农业生产性服务体系框架构建

农业生产性服务体系的构建是一个系统工程（见图 8－1），体系框架构建不仅需要良好的外部生态系统，尤其是政府政策环境的支持，还需要龙头企业和其他社会力量的大力支持，需要充分发挥市场的作用，提高服务资源的配置效率。

（1）外部环境支持体系。包括政府政策支持体系、社会资源支持体系、外部经济环境支持体系和生产型服务基础设施支持体系，外部环境支持体系是农业生产性服务体系构成的基础。

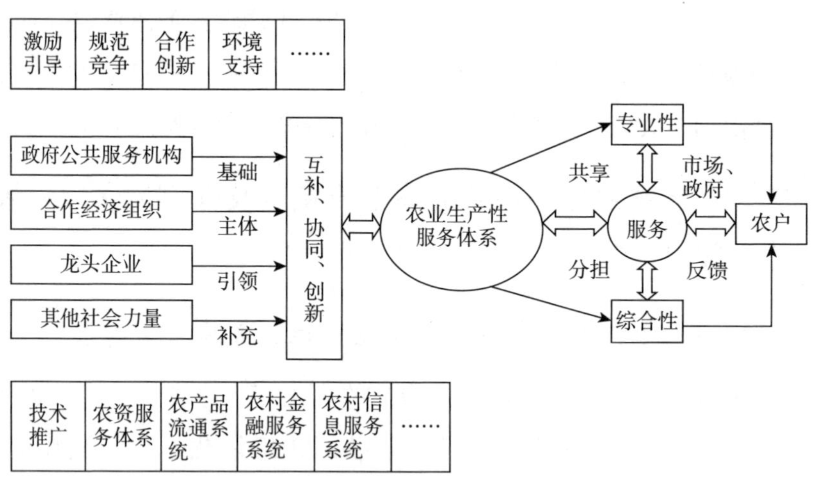

图 8－1　农业生产性服务体系运行机理

（2）服务主体协作互补体系。目前，中国的农业生产性服务主体主要有政府、合作社、龙头企业及其他四类，四大类主体各自拥有的资源不同，政府侧重于准公共物品类型的生产性服务供给，合作社、龙头企业则更贴近市场资源，多元供给主体可以利用优势互补，合理利用彼此间的服务资源来围绕提供的生产性服务实现优化配置，明确围绕农户需求合理分工，降低服务资源的成本。

（3）服务主体与服务对象的合作共赢体系。生产性服务主体与服务对象——农户之间的利益分配问题是建设农业生产性服务体系的关键性问题，合理的农业生产性服务体系需要一个科学合理的利益分配机制，该机制能够使生产性服务主体与服务对象——农户实现双赢，能通过利益驱动、功能引导、政策推动等多种机制，使系统内要素相互作用，提高体系运行效率。

第三节　有益于外溢效应发挥的农业生产性服务体系发展机制研究

农业生产性服务体系发展机制是促进农业生产性服务良好运行的保障，也是促进农业生产性服务发挥以工促农、加快实现农业现代化作用的助推器，它主要包括以下机制。

一　适合中国国情的农业生产性服务业激励引导机制

建立农业生产性服务业发展的激励机制，由于农业的弱质性，社会力量普遍缺乏进入农业生产性服务市场的动力，因此，要建立多方位的激励机制。首先，政府要加大对农业生产性服务公共设施的投资力度；其次，要完善农业社会化服务组织加入生产性服务的政策激励，给予其税收、资金免息等多种激励；最后，政府可以采取购买农业生产性服务主体服务的政策措施为其参与农业生产性服务提供有效激励。与此同时，政府要积极引导分散经营的农户通过与流通公司、龙头企业、农业协会等组织对接，实现“小生产、大市场”对接，从而提升农业生产的市场化程度，实现农民增收。

二　公平有效的市场规范与竞争机制

在市场经济条件下，由于中国农业的标准化程度较低，对农业生产性服务的质量缺乏有效的监督，某些服务主体为广大农户提供的服务质次价高，严重影响了农业生产性服务体系健康运行。在新型农业生产性服务体系构建中，要着重建立公平有效的市场监督规范与竞争机制，保障不同的农业生产性服务主体在良好竞争的环境中生存和发展，通过规范的市场竞争促使农业生产性服务不断提升质量、扩大规模、发挥作用。

三　多样化合作创新机制

公共服务机构、龙头企业、合作社和其他社会力量等都在不同层面担任着农业生产性服务的主体，例如，各级政府主导的公共服务机构在为农户提供农业生产基础服务方面有优势，而龙头企业在订单式和特色农产品生产性服务方面更具优势，合作社的农民参与性更强，更贴近农户需求。在构建农业生产性服务体系时，要整合农村服务资源，建立多样化合作创新机制，促进服务创新以适应农户的需求。

四　参与主体的共享分担机制

在新型农业生产性服务体系构建中，一方面要建设一个能够使各个参与主体积极参与、基于产业链利益提升的各类农业生产性服务主体利益联结业务平台；另一方面，也要形成有效的风险分担机制，真正让农户为主的服务对象共享农业生产性服务发展成果，探索农户通过入股等形式的农产品深加工，推动合作经济组织、龙头企业与农户签约，开展订单式生产，形成风险共担、利益共享的合作机制，使不同主体均能分享生产性服务产业链条带来的增值收益。

第四节　基于流通创新的我国农业生产性服务业研究

一　引言

经济全球化和农业市场化的推进使农业赖以生存和发展的环境发生了很大的变化，借助于服务业尤其是农业生产性服务业，增加农业产业链的价值，提高农业附加值，促进农业效率提升，已成为世界发达农业国家的首要选择。

近年来，我国农产品成本迅速提高，从历史经验和中长期趋势来看，今后我国农业发展面临的成本上升压力还会不断增大。农业生产成本急剧上升，容易破坏农民的积极性，降低农业的创新动力和可持续发展能力，发展以农产品质量检验检测服务、良种服务、农资服务、农业金融服务、农业科技服务、农业信息服务、农产品物流服务为主的现代农业生产性服务业，不仅有利于提高农业产业链的效率，也有利于把农业生产和市场需求更好地对接起来，打造更好的品牌，开发特色农产品，拓展市场空间和增值空间，促进农民收入提高。在目前我国新型产销关系背景下，农业生产服务与流通服务日益融合并在其中扮演着举足轻重的角色。因此，新形势下，基于流通创新视角，研究我国的农业生产性服务业就具有极其重要的意义。我们发现，以往的研究大都忽视了流通在农业生产性服务业发展中的突出地位和作用。而在当代，流通已经成为生产性服务体系的重要组成部分，其发展和变革要遵从生产性服务业的特征和规律。因而，单纯地分析农业生产性服务业，就难以避免分析的不全面性和非系统性。因此，本书拟从农村流通创新角度入手，结合现实经济的发展，探讨农业生产性服务业发展和演进的规律，从而为加快构建我国农业生产性服务体系提供切实可行的建议。

二　基于流通创新视角的农业生产性服务业的运行机理

在分工不断深化、技术进步、流通创新的背景下，传统的将流通服务和生产性服务相隔离的分类，难以论述现代服务业的内在机制，具体到农业生产性服务业领域也是如此，必须基于农村流通创新的视角和价值链的角度重新探讨其分类和构成。之前学者 Kenneth A. Reiner（1998）按照功能内涵，将生产性服务业分为三类：产品服务、要素服务、专业服务。结合农业的具体特点，本书认为服务于农业生产的农业生产性服务业也可如此分类。

一是农产品服务。主要包括农产品质量与安全服务、农产品营销服务；在农业生产性服务体系的三部分构成中，农产品服务是农业生产性服务业的基础和先导，把社会中日益专业化的要素服务和专业服务等导入农产品生产过程，它在相当程度上构成了这些资本进入生产过程的通道。

二是农业生产要素服务。主要包括农机作业服务、农业金融保险服务与农村劳动力培训服务；要素服务为农业生产性服务业提供了重要的要素资源，随着信息技术等现代科技的发展和应用，农业生产要素服务为农业生产提供信息、金融、劳动力培训等影响生产效率的关键要素。

三是农业专业服务。主要包括农业信息服务、农技推广服务与基础设施管护服务。农业专业服务是分工深化的结果，随着分工的不断深化和技术进步，专业性的服务机构形成了。农业专业服务是农业生产性服务业发展的推进器和重要保证，为农产品服务和要素服务提供了现代的信息技术、人力资本和知识资本等资源，提高了农业生产的效率。

而其中农村流通又对我国农业生产性服务业的发展起到关键作用，理由如下。

（一）农村流通体系建设是农产品服务的基础环节

1. 农村流通的运输、仓储、代理、配送等是农产品营销服务的关键环节

农村流通为生产者和消费者之间产销联系的实现提供了通道，农产品的销售过程能够弥合、化解社会和产业分工导致的生产与消费之间的时空矛盾。农村流通服务在传统的农产品流通服务基础上，可以有力地加强农业生产和消费之间的对接，并且可以对农业生产者的生产选择与决策起到指导作用，从而成为农业生产性服务的先导。

2. 农村流通体系的完善和规范是农产品质量与安全的有力保障

构建农产品规范化流通体系，将现代物流配送、连锁经营的理念和技术引入农村流通领域，实施“统一布局、统一品牌、统一标识、统一形象、统一规范、统一管理”的连锁经营模式，从供应、渠道、终端三个方面不断提高经营水平，可以形成农产品质量与安全的有力保障。

（二）农村流通先导作用拓宽了农业生产要素服务的功能

1. 创新现代农资流通体系可以有力促进农机作业服务发展

对传统经营体制和经营方式进行改革、改造，大力建设现代农资流通体系。可以按照“配送中心＋中心示范店＋加盟店”的模式，为农资供应提供主渠道，最大限度地为农业生产提供农机作业服务，对于净化农资市场、打击假冒伪劣、维护农民合法权益、帮助农民增产增收、推进现代农业的发展具有重要作用。

2. 创新农村流通的供应链金融功能可以大大提升农村金融服务水平

随着农村经济的发展，农村信贷需求正在发生深刻的变迁。在农村信贷创新中引入供应链金融思想，为解决农户贷款难问题、增加农村信贷供给提供了一个新视角。农村流通包括农业生产资料的购买、农业生产、农产品销售、储运、加工等环节。为农业农村流通的供应链的参与者提供适合他们的融资服务可以提高整个产业链的效率，提高农村各行

业参与者的收入，可以有效地解决金融机构和农户存在的信息不对称问题。

3. 积极培育农村流通主体，加强农民培训

加强农民培训是提升农业生产性服务水平的重要环节，通过系统培育农民产销合作组织，与农业流通龙头企业、农民专业流通合作社等合作，可以更充分地了解农户的需求，能够实现对农户有针对性的培训，不仅缓解了农民培训的工作压力，还提高了培训的效率。

（三）农村流通网络的创新为农业专业服务的开展提供了坚实的基础

1. 农村流通网络为农技推广服务提供了有力的渠道支持

合理有效的流通创新，可以拓展流通布局，使流通网络向农村延伸，从而为农业生产要素以及农产品的高效流动创造渠道。与此同时，农业专业服务机构也可借助流通渠道，将其专业服务导入农业生产，使专业服务与农业生产深入融合，提高农业生产的竞争力，促成社会再生产过程的顺利进行，促进农业生产性服务业的发展。尤其在我国农业“小生产、大市场”矛盾突出的前提下，基于现有的农村供销社系统、邮政系统这两大农村流通网络进行有效创新，就成为拓宽农业生产要素服务的最现实选择。

2. 完善的农村流通体系是提升农业信息化水平的重要平台

农产品批发市场本身具有社会公众服务性与产业服务性，农村流通体系不仅包括物流平台，也搭建了信息和农业化服务两大平台。通过现代农村流通体系信息平台，将农村连锁终端网络作为信息点，收集、反馈市场信息，可以为农民提供及时的资讯服务。

3. 农村流通设施建设是农村基础设施建设的重要组成部分和切入点

新农村建设的目标，是实现农民生活城镇化、农业生产现代化和农村建设生态化，从而达到城乡协调发展。要实现目标，就必须依靠完善的农村基础设施，农村流通基础设施公益性明显，具有公共产品属性，农村流通设施建设具有示范、桥梁和纽带作用（农产品批发市场、冷链系统、物流中心、农贸市场等流通基础设施是农业产业化发展的市场支撑），所以要进一步提升农村流通基础设施的基础地位，加强公共财政投资力度，积极完善道路、批发市场等流通基础设施建设，既是大力开拓农村市场，推动社会主义新农村建设，加快解决“三农”问题的突破口和重要途径，也是统筹城乡协调发展，完善我国社会主义市场经济体制和有效扩大内需、拉动国民经济增长的重要内容。

三　我国农村流通创新不足，阻碍农业生产性服务业发展

（一）农村流通市场化程度低，流通效率低下，导致农业生产性服务业的低社会化和低专业化

农业生产性服务专业化需要农业生产过程中的各项服务由专门的服务者来分别完成。现有的农村流通体系集成性、专业性程度太低。农村流通体系的农产品流通、生产资料流通和消费品流通一体化严重不足，市场发育还不成熟，造成流通基础设施重复建设，仓储设施利用不足，车辆返回空驶，城市和农村之间的流通信息不能共享。上述缺陷直接导致成本上升，提高了市场交易成本，在一定程度上削弱了农业生产性服务外包的内在动力。

（二）农产品流通市场基础设施落后，限制了农业生产性服务业功能的发挥和发展壮大

我国农村流通基础设施投入明显不足，网络系统不完善。现代流通体系必不可少的物流中心、配送中心、仓储设施等基本配套设施发展缓慢，阻碍了流通体系的完善，使农村流通网络建设缺乏与之相适应的信息平台支撑，难以推广现代化的流通方式和管理方式。这样就限制了农业生产性服务业的农产品服务、农业生产要素服务功能的有效发挥，从

而使农业生产性服务业难以为我国的农业生产提供有力的支持，而农业生产的低效率，必然导致农业生产型服务业的市场需求难以充分释放，进而不利于我国农业生产性服务业的健康发展。

（三）农村流通体制不健全，导致农业生产性服务业的市场发育不成熟，缺乏生产性服务外包的动力

我国现行的流通体制仍然带有计划体制的色彩，政府在资源配置方面拥有较大的优势，从而相对弱化了市场自身的力量，限制了市场的自发作用，导致我国农村市场处于“小生产、大市场”的不平衡状态，使农业科技推广和金融服务能力弱，存在较高的交易成本，在一定程度上削弱了农业生产性服务外包的内在动力。

（四）我国城乡二元流通结构阻碍了生产性服务业对农业生产的支持

由于长期推行“城市偏向”的发展战略，我国农村优质生产要素大量流失，导致农村生产力水平低下，农村商品流通基础设施投入不足。一方面造成农村流通主体经营中的现实困难，使其缺乏组织创新、技术创新以及制度创新的动力，无法引入新型业态和现代物流技术，无法提升农村流通现代化程度；另一方面，由于城乡二元流通结构的阻隔，承载产品服务、要素服务和专业服务功能的生产性服务业，难以向农村地区扩展。而农村地区由于本地条件的缺失，难以孕育出农村本土生产性服务企业。这就造成农业发展缺乏生产性服务业的支持。

（五）农村流通组织创新滞后，组织化程度低，限制了农业生产性服务业效率的提升

农村流通组织结构呈现“小、散、乱、差”的根本性缺陷，即产业集中度低，规模经济偏小；众多流通企业被各个部门、各行政区划分割，分散经营；低水平、分散的过度竞争造成农村流通秩序混乱，导致

效率低下，使流通服务肩负的为农业生产提供产品服务、要素服务的重要作用难以发挥，直接限制农业生产性服务业效率的提高。

四　创新农村流通、加快发展农业生产性服务业的对策

由以上分析可知，农村流通体系的完善对于农业生产性服务业的健康发展具有至关重要的作用。基于这一点，本书认为，要牢固树立农业在国民经济中的基础地位，就必须大力促进农业生产性服务业发展。而要实现农业生产性服务业的快速发展，就必须加快发展农村流通，加快农村流通组织创新、技术创新和制度创新的步伐。笔者认为，应该从以下几个方面着手。

（一）加快农村流通体制改革与创新，提高农业生产性服务业市场化程度

当前农业生产性服务业市场化程度低，很大程度上源于农村的流通体制难以适应现代农业发展的要求。所以应该着力加快我国农村流通体制的改革与创新。政府应加大对农村流通网络建设的金融支持，改变传统重生产轻流通的观念，增加财政对农村流通网络建设的支持。有必要提高流通管理职能，积极整合流通资源，必须依照建设大市场、搞活大流通、发展大贸易的要求，加大农村市场流通体制改革和政策协调的力度，进一步修改、完善有关政策、法规，消除不利于农村商品流通体系建设的各种制度和政策性障碍，充分调动私人资本进入农业生产性服务业。

（二）加大农产品流通基础设施建设的投入力度，夯实农业生产性服务业发展基础

任何产业的孕育和发展壮大都离不开适宜的外部条件和基础设施的支撑。农业生产性服务业的发展也同样离不开必要的外部条件和完善的

基础设施。只有构建起有利于农业生产性服务业发展的各种要素畅通高效的流通体系，才能够为农业生产性服务业的发展提供充足的要素供给。另外，从最终目的来讲，只有建立起完备的现代流通基础设施，实现农业生产与市场的高效对接，才能释放出对农业生产性服务业的持久需求。为此，政府要制定相应的政策和措施，加强政策引导，制定相应的短期、中期和长期战略发展规划，制定和完善相关的法律法规，为农业生产性服务业的发展创造良好的环境。

（三）破除城乡二元流通结构，构建城乡协调一体的流通结构，加大城市生产性服务业对农业生产的支持力度

当前，在我国农村生产性服务业还未充分发展期间，政府应积极发挥主导作用，统筹城乡流通体制，畅通城乡流通渠道。积极引导城市生产性服务企业向农村扩展市场，加大城市生产性服务业对农业生产的支持力度。加大农村市场体系建设。农村市场体系由农产品市场体系和农村要素市场体系组成。在统筹城乡商贸流通的过程中，要实现城乡市场体系的对接，关键是要完善农村市场体系，要完善以产地批发市场为核心的农产品市场体系，建设一批与城市相对接的大、中、小型超市，逐步规范城乡零售市场，并加强批发市场建设，完善城乡商贸流通的市场网点，建立健全城乡统一的要素市场体系。在城乡商贸统筹中，以推进城乡双向流通为重点，积极推进城乡双向流通市场建设，将城市的现代流通方式引向农村，将千家万户的小生产与千变万化的大市场对接起来，构建现代市场经济条件下的产、供、销一体化链条，实现商家、农民、消费者共赢。在农村，供销合作社和邮政具有较广泛的组织网络，二者的融合可以做到商流与物流的合一。供销合作社具有悠久历史，与农民联系更紧密，邮政具有非常稠密的网络，如果相互相联系，能够产生较好的效果。

（四）促进农村流通组织创新，推动农业生产性服务业效率提升

流通组织创新和生产性服务业演进之间是相互作用、相互促进的。要想推动生产性服务业发展，加快流通组织创新是必要一环。通过农村流通合作组织的建设与发展，通过发展零售商终端控制、供应链动态联盟、业务流程外包等新兴流通组织形式，提高农民的生产和销售组织化程度，以此带动整合现有农业生产性服务资源，促进规模经济的实现，充分利用外部专业资源，降低成本，减少市场风险，提高效率，就会扩大农业生产性服务业的市场需求。

（五）以农村流通技术创新为突破点，推动农业生产性服务业效率提升

首先充分利用互联网方便快捷的优势，加强农村市场信息服务体系建设，在乡镇、重点行政村建立农产品信息服务点；加强农产品网上交易平台建设，发展网上农产品交易和结算；加强不同地域农产品批发市场的合作，建立农产品销地市场信息采集网络，加强农产品供求信息发布，引导农民运用市场信息指导生产。大力发展冷链技术，随着社会经济的发展和人们生活水平的提高，人们对食品安全的关注度越来越高，冷链系统作为一种保证易腐农产品品质的重要手段，已越来越不可或缺。可以尝试成立行业协会，由行业协会在科技攻关、技术交流与操作标准、人才培训、各类企业间的业务合作等方面发挥组织与协调作用。同时，通过市场化手段，使各类大型批发市场、大型流通企业与第三方物流企业承担起生鲜食品配送主要组织者的责任，通过批发交易与物流配送，将生鲜食品生产加工基地与零售门店销售衔接起来，以商业模式创新带动物流配送模式创新，加强相互合作，逐步建立健全与生鲜食品供应链相适应的冷链物流系统，推动农业生产性服务业效率的提升。

第五节 创新发展中国农业生产性服务业、提升外溢效应的制度安排

一 完善农村土地制度，加快农业生产性服务业对城镇化外溢效应的发挥

农村土地经营制度是关于农地经营的各种经济关系的综合。目前，需要从两个方面改善农村土地家庭承包经营制度。第一，保持农村土地家庭经营方式。家庭经营符合农作物周期长且管理成本高等特征，也有益于农业生产性服务业发展。根据中国人多地少的基本国情，政府和农民专业组织进一步发挥其统一经营和服务的作用，建成有效的农业生产性服务体系。第二，完善农村土地使用权流转制度。由于经营权的权能缺失和产权转移困难，土地难以得到合理分配和规模化经营，而土地规模化经营是促进农业生产性服务业高效发展的重要因素。因此，建立农地使用权流转制度关乎中国农业生产性服务业发展进程。首先，要培育完善的农地使用权流转市场，规范交易规则和产权转让形式，建立完善的农村土地价格形成机制；其次，基层政府和集体组织要做好相关服务工作，如信息资讯的及时发布、土地流转相关的法律咨询、相关利益协调等，确保土地流转规范有序。

二 完善税收制度，降低农业企业发展生产性服务业的负担，促进农业生产性服务业规模化发展

第一，降低农业生产性服务业税收。在继续加深农业生产性服务业税收制度改革基础上，联系中国国情，建立一个农业与工商业相协调的税收制度，统一农业生产者和非农业生产者税收，对于税负较重的农业生产性服务企业适当实行降税政策，降低经营压力。对于引进国外先进

技术和设备的，降低关税和增值税标准。第二，完善农业生产性服务业税收制度。对于当前农业税无法转嫁的现象，可以借鉴国外经验，调整流通领域税收制度，在农产品流通过程中，农民可以将增加的税转嫁到消费者身上。另外，为降低农产品加工企业增值税负担，可以考虑对没有经过加工或经过简单加工的农产品征收一定的增值税。第三，设立普遍适用的农业生产性服务业税收优惠政策。在重点扶持农业生产性服务业龙头企业、重点企业的基础上，设立适用于所有农业企业的税收优惠政策，加快农业生产性服务业发展。第四，完善财政补贴制度，调整农业生产性服务业结构。政府应该继续提高财政对农业生产性服务业补贴力度，并在此基础上，根据产业发展目标，适当调整补贴结构。长期来看，加强农业生产基础设施建设、调整农业产业结构和提高农业生产科技含量可以有效提高生产性服务效率，提高农民收入，但短期内可能会对需要改变的领域造成一定伤害。因此，相关财政支出应加大相关环节补贴力度，以使相关领域主体能够平稳度对阵痛期。

三　加快户籍制度改革，促进农业生产性服务业就业效应发挥

首先统一城乡居民身份，促进农业生产性服务业吸纳劳动力。目前社会上存在各种各样的身份制度，随着二代身份证的普及和信息技术的迅速发展，二代身份证可以承载更多的信息，因此统一城乡居民身份性质就有了技术保障。居民社会保障应该与身份特征脱钩，确保相同的付出能获得相同的回报。农村居民和城市居民身份平等，将提升农业生产性服务业吸引力，劳动力自由竞争是农业生产性服务业发展的基石。其次取消劳动力人口流动限制，保障农业生产性服务业人才自由流动。根据市场需求，劳动力自由迁徙将促进社会经济平衡发展。对于农业生产性服务业，由于劳动力自由流通，不断有新的血液加入进来，可以使该

产业能够在国内和国际上和其他产业发展保持一致。

四　完善投资制度，加快农业生产性服务业发展

第一，扩大农业生产性服务业财政支出规模。当前中国农业生产性服务业底子薄，应当适当加大财政对农业生产性服务业投入力度，增加投资资金规模，建立投资支出连续稳定增长机制，科学规划农业投资方向。各级政府也要在财政预算中加大对农业产业发展的支持力度，落实每一项涉农政策。第二，调整农业生产性服务业财政投资结构。在目前财政资金有限的情况下，优化财政对农业生产性服务业投入的结构、提高资金使用效率就更加重要。要加大对农业科研机构的支持，加强相关服务企业与科研院所的联系，将科研成果转化为生产力，提高农业生产性服务业的科技含量。还要建立农业技术推广机构，切实解决农民生产中所遇到的困难，引导农民参与到农业服务企业经营中，把握并解决生产中的实际需求。第三，增加农业生产性服务业投资渠道。过度依赖财政资金不利于生产性服务业现代化转型。要增加对农投资渠道，就要通过财政资金引导社会金融资金和个人资金进入农业生产性服务业领域。在具体形式上，财政资金通过投资具有带动性的生产性服务龙头企业，与企业共同承担风险、分享收益，促进龙头企业快速成长，并带动产业链上下游健康发展，在适当时候退出企业经营，并将资金继续投入下一个目标。通过类似措施可以激发社会资本进入农业生产性服务业的兴趣，成为农业生产性服务业发展和现代化转型的催化剂。

第九章 结论及展望

本章是对前几章研究的总结，首先总结了中国农业生产性服务业外溢效应的具体体现，即可以加快创新中国现代农业经营体系，提高农民收入和整合农业产业链进而提升农业比较收益，促进农业关联产业集聚，加快农村城镇化，提升农业科技进步的贡献率。在此基础上，着重论述了前几章提到的中国农业生产性服务业发展目前存在总量规模小、组织化服务水平低、内部构成不合理、从业人员素质低等核心问题。最后，针对出现的一系列问题，从优化政策环境、完善基础设施、鼓励组织和经营模式创新、优化发展结构、提高从业人员专业素质等方面，有针对性地提出了提升中国农业生产性服务业外溢效应的较为系统的系列政策建议。

第一节 中国农业生产性服务业外溢效应的具体体现

一 有利于创新中国现代农业经营体系，实现农业适度规模经营

中国工业化和城镇化快速推进带来的农村劳动力大量转移，造成了

农业劳动力和土地成本不断攀升，再加上农业家庭经营规模偏小，抗风险能力差，农产品竞争力下降，已逐渐成为阻碍农业现代化的核心问题。从国外现代农业发展的经验来看，面对人多地少、人均资源严重不足的自然禀赋，大力推进适度规模经营，是一种必然选择。农业生产性服务业贯穿农业生产的整个链条，可以为农户适度规模生产提供中间服务，可以提供更加有效的农业科技供给，大大减弱农户开展适度规模经营的外部条件约束，提升农户规模经营的意愿，最终有利于实现中国农业适度规模经营。

二 提升农业生产效率，提高农民收入

中国的农业生产长期处于缺乏组织和联系的分散状态，农民技术不高，生产方式落后，对于外界的信息接收程度低，使得农业生产效率大大下降。农业生产性服务业以其高技术、专业化服务、知识相对密集的服务农业过程的产业属性，一方面，可以通过专业化的生产技术、信息与流通渠道支持等服务，减少农民不必要开支，使农户家庭资源（土地生产率、劳动生产率等）使用效率提高，提升其农业生产效率；另一方面，鲁钊阳[8]的实证研究也表明生产性服务业的发展可以在农业生产过程中渗入更多的知识技术，增加农产品的附加值，进而增加农民的收入。

三 深化农业分工，完善农业产业链

农业分工深化前提下的专业化水平提高是农业现代化的必由之路，农业生产性服务业各部门的崛起与协同，正是通过向农业生产者及其他涉农组织提供一系列的中间服务投入，延伸农业产业链的长度，拓宽服务领域，分散经营的小生产农户可以较为方便地进入产业链的环节，给农业产业链带来效益。同时农业生产性服务业的发展进一步促进了协调

分工、降低了交易成本，生产性服务业对农业生产链条的纵向延伸拓展了农业的服务内容，吸引了不同参与主体的协作，促成了核心链条与配套链条的协同发展，缩短了农产品从研发、生产、销售至消费者手中这一生产流通周期，从生产环节、流通环节、信息传输等多方面节约了费用，提高了农业经济效率，驱动农业产业纵向集群化。

四　推动农业关联产业的空间集聚，推动农村城镇化进程

一方面，农业关联产业的空间集聚是基于产业链的某一个环节，即链条节点而横向拓展、重点培育形成的产业集群模式。这一进程中产业软化发挥了关键作用，对于第一产业来说，农业产业软化指的是通过提高生产性服务这一软投入的比重，改变农业的生产方式，使第一产业减少对劳动与物质的消耗、增强对知识与信息技术等的依赖。另一方面，农业生产性服务作为一种基本经济活动，具有明显的可贸易性，很多农业生产性服务组织都向区域内外部输出服务。农业生产性服务业的规模发展可以为农村劳动力提供更多非农就地就业机会，农业生产性服务业的发展可以促进农业关联产业相互协作并进行专业化分工，促进技术、人才等向小城镇集中，从而既推动农业产业集聚效应的形成，又促进产城融合和农村城镇化。

五　整合农业研发组织及推广渠道，提升农业科技进步的有效性

长期以来，中国农业科研单位分属不同部门，多个层级、多样化管理使农业科研设施装备资源分散、条块分割，低水平重复建设和缺位断档等现象并存。加之运行机制不完善，缺乏共享协作，中国农业科技进步的有效性严重偏低。农业生产性服务体系由于有信息揭示作用，在收集、处理和传递信息方面有得天独厚的优势，能够创新农业科技组织方

式，筛选出更富生产价值的高技术项目，并通过创新的农村金融服务向这些项目提供资金等支持，引导社会上其他资源向这些项目转移。同时，农业生产性服务业发展可以促使科技按市场与产业要求，形成专业化、标准化和规模化的推广模式，从而加快了新知识、新技术、新成果转变为现实生产力的步伐，提升农业技术进步的有效性。

第二节 当前制约中国农业生产性服务业外溢效应发挥的问题

一 政策环境不够完善，对农业生产性服务业发展支持力度不够

中国的农业生产性服务业相对于其他发达国家起步较晚，对于农业生产性服务业改造传统农业的重要性认识不足，支持发展农业生产性服务业的方针和政策还停留在“一刀切”水平上，没有考虑到中国的基本国情，市场准入门槛依然过高，主要生产性服务行业仍以国有资本为主。近年来，中国相继出台了支持农业生产性服务业发展的政策措施，但实施过程缓慢，时滞性较明显，导致政策落实效率低下。即使已经落实的政策，支持力度也较小，覆盖的农村区域有限，落实成效亟待提高。且政策创新滞后，难以形成长期有效的机制体系。整体来看，政府对农业生产性服务业的引导不足，配套支撑体系不完善，缺乏总体的统筹规划，导致其发展过程中综合协调不够、盲目建设、粗放经营。

二 农业生产性服务业发展水平较低，服务组织层次低且地区间发展不平衡

由于一直以来实行的是家庭联产承包责任制的小规模传统农业经济发展模式，中国的农业生产性服务业起步较晚，发展相对滞后，与发达

国家之间的差距较大，2012年中国农业生产性服务业的增加值只占农业产值的2.3%，而该比例在美国为12.7%。就中国的现状而言，农业生产性服务组织发展还处于相对滞后的局面，主要表现在中国农业生产性服务组织的总体创新能力不强，规模小，数量少，影响力不大，一些农村公共服务机构提供的服务技术水平太低，还没有达到一些龙头企业的水平，远远不能满足农户的需求。同时，中国农业生产性服务组织发展在地区之间极不平衡，西部地区远远比不上东部地区，西部地区的经济发展水平较低，地理条件也不乐观，再加上地方政府对农业生产性服务认识不到位，导致西部地区农业生产性服务组织发展严重滞后。

三　农业生产性服务业内部构成不合理，生产性服务的需求与供应不协调

农业生产性服务业内部构成不合理，生产性服务的需求与供应不协调。现阶段，中国农业生产性服务业的发展还远远达不到有效支持农业转型的目标，从农业生产性服务业内部构成来看，进入21世纪以来，农业生产性服务的需求日益呈现多样化和专业化的特征。农民在生产过程中需要农资供应、农业机械支持、物流支持、金融支持、技术引导、信息交流等各方面的服务。但是由于历史原因，计划经济曾主导中国经济发展很长时间，农业生产性服务业相关产业发展主要由政府主导，并没有根据市场的实际需求来做出合理的发展规划，导致中国农业生产性服务业与农业相互渗透和相互关联的程度低，传统农业生产性服务组织主动为农业服务的能力不强，对农业生产的支撑作用不够。目前政府和市场提供的生产性服务并不是农民进行农业生产时最需要的，多数农业生产性服务主要靠内部解决，对外需求不足，直接制约了农业生产性服务业发展的规模效应提高，影响其服务水平和竞争力的提升。与此同时，知识技术密集型的现代农业生产性服务业发展滞后，农民最需要的

服务如资讯服务、金融服务等得不到满足，这在很大程度上影响了中国农业效率和农产品附加值的提高，很大程度地降低了中国农产品的市场竞争力。

四　从业人员知识老化问题突出，专业化的服务人才严重缺乏

现阶段，中国的农业生产性服务业人才专业结构不合理，出现了专业技能水平低、知识老化、知识退化的现象，农业生产性服务业的领域会越来越广，但是现在的工作人员没有跟上时代的步伐，未参加相关的培训，导致他们知识结构单一，没有更新知识体系，所以很难全方位地为农民提供有效和现实的服务。据农业部人事劳动司 2013 年的统计，以农村实用人才为例，大专以上的仅占总数的 3.3%。尤其在中西部地区，因为经济欠发达，大多数的农民在农业生产中得不到生活需求的满足，选择了弃农，农业发展每况愈下，相应的专业机构人员专业技能水平得不到施展，甚至出现人才外流的现象。尤其是近年来，随着农业结构调整加快，绿色农业、生态农业发展所需的物流、金融服务、信息咨询等现代复合型生产性服务人才严重缺乏。

第三节　提升中国农业生产性服务业外溢效应的路径选择

针对中国农业生产性服务业发展存在的问题，为进一步提升中国农业生产性服务业外溢效应，本书提出相应的政策建议如下。

一　加大对农业生产性服务的政策支持和财政投入力度，优化农业生产性服务发展政策环境和基础设施建设

中国目前已进入了工业化的中后期，作为一个农业大国，当前必须

坚持“工业反哺农业”的政策，政府应通过积极引导社会资金和加大农业补贴来建立新型农业社会化的生产性服务体系。由于中国农业生产极为分散，农业生产性服务组织在发展初期肯定会遇到规模偏小、比较利益低下的问题，政府要通过各种方式，如优惠的土地政策、税收政策给予帮助和补贴，加大政府资金引导力度，扩充和建立省、市两级生产性服务业发展引导资金，引导更多的社会资本投入生产性服务业。优化农业生产性服务发展政策环境，加快农业生产性服务行业的规制建设，有效管理企业在农业生产性服务市场中的行为，在这之中最需要增强的是农业生产性服务业的规范化及农民的诚实守信意识。当代农业生产性服务业中有很多新出现的行业，缺少科学合理的行业规则和行业内服务标准，企业之间存在不正当的竞争，处事不太规范的现状改变了消费者对服务行业的判断，从而制约了消费者行为。政府当局应完善服务类行业相关标准的制订，如可以完善网络电信服务业涉及的法律规定，在银行、保险等行业制订一系列的监督管理办法来维护农业从业者的合法权益。同时认真研究摸索新兴服务行业，如电子商务、互联网通信等领域的行业规范，借鉴其他发达国家在这个领域的制度，逐渐培育出具有中国特色的公正平等的农业生产性服务市场竞争环境。

二　加快农业生产性服务创新机制建设，使农民真正从生产性服务中得到利益

我国当前的农业生产性服务业发展水平十分落后，要想将这块“短板”补齐，必须重新了解新型环境下农业生产性服务业在社会经济中的地位和作用。应紧跟时代潮流，更新传统服务业发展的经济性观念，同时更新现代农业生产性服务业发展方式，通过创新的发展方式引导农业生产性服务业实现跨越性发展。在创新过程中还要时刻以市场为导向、科学技术为支持，调整和优化服务业布局，促进农业生产性服务业整体

素质和竞争力提高。同时创新服务工作模式，积极协调与之相关的各方，形成促进服务业快速发展的凝聚力，积极引导各类农业生产性服务企业树立创新意识，因地制宜，以市场需求为导向，充分发挥现代服务业的优势，以加强农业生产性服务企业的应变能力、竞争实力，使农业生产性服务企业在市场经济的广阔空间里奋力向前，针对农户需求开展各项生产性服务，使广大农民可以便捷地利用农业生产性服务组织的先进技术和专业化优势来降低自己的生产成本，提高农产品品质和附加值，真正从使用生产性服务中得到利益，促进农业生产性服务对农民收入外溢效应的发挥。

三　优化农业生产性服务业发展结构，加快推进农业生产性服务供给侧结构性改革

供给侧结构改革是为解决供需结构错配而提出的一项新举措，基本出发点是引导新供给、创造新需求。随着科技水平的提高，农业现代化步伐加快，农业消费需求结构也开始转型升级，对现代农业生产性服务需求与日俱增，因此，为实现农业生产性服务业供需结构再平衡，应从供给侧着手，以满足已优化的需求侧。第一，提高农业服务科技含量，完善科技服务体系。过去的科技服务体系已经跟不上农业生产性服务业向现代化转变的要求。所以，要建立以国家农业科技机构为主要力量、农民合作组织为基础、相关单位和企业分工合作的农业科技推广体系。改革农村经济信息服务体系，使农产品信息在全世界流通，重点建立起与区域经济发展相适应的现代农村综合流通服务体系。第二，发展农村金融业。根据农业发展对金融需求多样化的情况，建立政策性金融、商业性金融和农村金融合作组织相互融合的农村金融服务体系。

四　建设农业生产性服务专业人才队伍，提高农业生产性服务从业人员的素质和服务水平

要从中国从传统农业向现代农业转化、对农业生产性服务需求日益扩大的实际出发，推动各级农业部门、科研院所和高校形成合力，充分调动参与主体的积极性，积极培育新型职业农民，对农业生产性服务从业者进行教育、培训，提高其经营能力，让农业生产性服务从业者更加职业化、专业化、科技化、集约化，从而提高农业生产性服务从业者的综合素质，保证农业生产性服务业的健康发展，加大订单式委托和定向招标等新型培训的力度，培养适应中国现代农业生产性服务业发展需要的多层次、专业型、复合型人才，提高为广大农民服务的水平。农户也应提高认识水平，增强对生产性服务的依赖，主动吸收相关的知识，自愿接受培训，争当新型职业农民，引入先进的农机、农技，并形成现代化的种植理念，科学合理种植，真正解决“怎样种地”。借助基础种植户与各级政府的力量，促进农业与生产性服务业进一步融合。

五　培育多元化生产性服务主体

整体而言，目前中国不同的社会化服务组织虽然对农业产业发展都具有一定的服务功能和作用，但总体上还存在服务组织主业不明、与农户连接度不高、服务组织规模小、服务能力不足等问题。在中国，由于不同地区之间政策、资源和经营模式各不相同，目前中国对农业生产性服务主体的培育就是培育和壮大多元化的服务主体，应该优化政府主导的服务组织。一方面，政府应推动农业生产性服务供给机制创新，积极探索“政府 + 农户”、“农民专业合作社 + 农户”及“涉农龙头企业 + 农户”等不同农业生产性服务模式进村入户的有效机制和办法，实现潜在生产力向现实生产力的转化；另一方面，针对中国农业生产性服务组织层次低、发展不平衡的现状，为提高农业生产性服务组织的服务能力，

地方政府应该结合发展过程中出现的问题，加大对龙头企业、农民专业合作社、农产品行业协会和其他农村中介服务组织财政金融的支持力度，充分突出农民专业合作社、农产品行业协会等组织在促进农业生产性服务业发展中的平台作用，提高其服务的专业化、社会化水平。农业生产性服务主体的建设，要以大型连锁超市、大型农资企业等城市商业组织为依托，利用建材下乡、家电下乡、“万村千乡”等机会，设置多层级的连锁运营单位来开拓农村市场，增强农村地区城市服务主体的领导力，树立城市生产性服务一边发展一边向农村地区推广的思路，建成和城市联动的高水平、高效率的农业生产性服务主体。

六 加强对农业生产性服务发展的科技支持，优化农业生产性服务资源配置

加强农村生产性服务资源整合，统筹城乡科技资源，扩大城市科技辐射范围，促使科技要素从城市流往农村。在城市建设重点研究实验室和技术研究中心，大力支持城市内外高等院校、科研机构创建科技研发实验站。引导科技资源进入农业生产性服务业。以创新农村科技服务机制为核心，通过对农村所有的科技信息资源的整合，创建城乡共同发展的信息服务体系。实现资源合理、高效配置是生产性服务体系成功构建的关键。应加强政府涉农机构力量整合与部门间协作，要注重发挥市场机制作用，引导更多的社会资源投向公共服务平台。另外，目前农业生产性服务业市场化程度低，所以要根据不同种类生产性服务业的实际情况，逐渐降低市场进入门槛，鼓励市场上规模大、有实力的企业积极参与农业生产相关服务业的经营，通过财税优惠、减少审批和加强投融资支持的方式，吸引社会资本进入农业生产性服务业。

第四节 进一步研究的展望

现阶段，中国农户重视的是生产，但并没有重视经营，从农业产业链的角度来看，如何构建一个从生产到加工到消费者的服务体系，给农户生产各个环节提供非常完备的生产性服务，让农民生产出质量高、价格低的农产品，卖到城市的市场，卖到城里人的手里，这对解决中国农户生产小规模与经营集约化的矛盾、改善中国农业经营机制、提高农户收入、确保国家粮食安全和重要农产品有效供给、促进农民增收具有十分重要的意义。

目前，不论是从理论的角度还是从实践的角度，有关生产性服务业对农业发展影响的研究文献都相对较少，实证分析的研究文献更少。本书的研究或许对于从实证的角度来研究该问题有一定的帮助，尤其对于从理论和实践的角度来探讨生产性服务业对农业外溢效应的经济解释、外溢效应形成机理和外溢渠道具有重要的理论意义，同时对中国发展农业生产性服务业以提升农业生产效率、加快农业现代化的步伐提出了理论依据，由此具有一定的实际应用价值。

本书尝试从外溢效应的角度研究农业生产性服务业对农业发展的促进作用，虽然得到了有益的结论，但是在以下两方面的研究还是不够的，需要继续深入。一是由于农业生产性服务业对农业外溢效应的形成机制具有复杂系统性，本书中有关外溢效应形成机制的理论分析稍显薄弱，需要进行更加详细的分析和系统的论述；二是在进行计量分析时，并没有比较不同省份之间的差异性。由于中国农业生产性服务业的发展表现为地区不平衡，东部地区和中、西部地区，或者发达地区和不发达地区，生产性服务业的发展对农业的外溢效应是不同的，如果能在现有研究的基础上进行地区差异性的比较，或许会得到更有益的结论。以上两点，也是我们下一步研究的方向。

参考文献

[1]〔美〕维克托·福克斯：《服务经济学》，许微云等译，商务印书馆，1987。

[2]〔加〕格鲁伯·沃克：《服务业的增长：原因和影响》，陈彪如译，上海三联书店，1993。

[3]〔瑞典〕詹森：《服务经济学》，史先诚译，中国人民大学出版社，2012。

[4]〔英〕亚当·斯密：《国民财富的性质和原因的研究》，杨敬年译，陕西人民出版社，2001。

[5]〔美〕阿林·杨格：《报酬递增与经济进步》，《经济社会体制比较》1996 年第 2 期。

[6] Yang, X., Rice, R., "An Equilibrium Model Endogenizing the Emergence of a Dual Structure between the Urban and Rural Sectors", *Journal of Urban Economics* (3), 1994.

[7]〔美〕迈克尔·波特：《竞争优势》，陈小悦译，华夏出版社，2005。

[8]〔法〕萨伊：《政治经济学概论》，陈福生，陈振骅译，商务印书馆，1982。

［9］〔英〕穆勒：《政治经济学要义》，吴良健译，商务印书馆，1993。

［10］〔法〕弗雷德里克·巴斯夏：《和谐经济论》，许明龙等译，中国社会科学出版社，1995。

［11］Hill. P. T.，"On Goods and Services"，*Review of Income and Wealth Series*，1977.

［12］Riddle D.，"Service-Led Growth：the Role of the Service Sector in World Development"，1986.

［13］〔英〕伊特韦尔等编《新帕尔格雷夫经济学大辞典》，许明月等译，经济科学出版社，1997。

［14］马克思、恩格斯著，中共中央马克思恩格斯列宁斯大林著作编译局编，《马克思恩格斯选集》，人民出版社，1972。

［15］Baumol，W. J.，"Macroeconomics of Unbalanced Growth：The Anatomy of UrbanCrisis"，*The American Economic review*，57（No. 3），1967.

［16］Bosworth，B. P.，Triplett，J. E.，"Services Productivity in the United States. Hard-to-measure Goods and Services：Essays in Honor of Zvi Griliches"，2007.

［17］Bryson，J.，Daniels，P.，"The Handbook of Service Industries"，2007.

［18］Browning，H. J.，Singelman，"The Emergence of a Service Society：Demographic and So ciological As pects of the Sectoral Transformation in the Labor Force of the U. S. A."，1975.

［19］Katouzian，M. A.，"The Development of the Service：a New Approach"，*Oxford Economic Papers*，1970.

［20］Sandra Vandermerwe，Juan Rada，"Servitization of Business：Adding Value by Adding Services"，*European Management Journal*，1988.

［21］〔美〕西蒙·库兹涅茨：《现代经济增长》，戴睿、易诚译，

经济科学出版社，1982。

[22] Fisher, A. G. B., "The Clash of Progress and Security", *London: MacMillan & Co Ltd*, 1935.

[23] Levitt, T., "The Industrialization of Services", *Harvard Business Review*, 1976.

[24] Barras, R., "Towards a theory of innovation in service", *Research Policy*, 1986.

[25] Den Hertog, P., "Knowledge-Intensive Business Services as Co-Producers of Innovation", *International Journal of Innovation Management*, 2000.

[26] Metcalfe, J. S, I., Miles. "Innovation Systems in the Service Economy", 2000.

[27] Tether, B. S., "Do Services Innovate Differently? Insights from the European Innobarometer Survey", *Industry and Innovation*, 12 (2), 2005.

[28] Nicoletti, G., and Scarpetta, S., "Egulation, Productivity and Growth: OECD Evidence", *Economic Policy* 18 (36), 2003.

[29] Hill, P., "Tangibles, Intangibles and Services: A New Taxonomy for the Classification of Output", *The Canadian Journal of Economics*, 1999.

[30] Clague, C., Keefer, P., Knack, S., etal., "Contract-intensive Money: Contract Enforcement, Property Rights, and Economic Performance", *Journal of Economic Growth* 4 (2), 1999.

[31] Poschke, M., "The Egulation of Entry and Aggregate Productivity", *The Economic Journal* 120, 2010.

[32] Lafrance, A., and Gu, W., "Productivity Growth in Canadian and U. S. egulated Industries", *Canadian Productivity Review Research Paper* 20, 2008.

[33] 白仲尧：《服务产品是服务经济学的主体范畴》，《商业经济

研究》1990 年第 4 期。

［34］高涤陈、白景明编《服务经济学》，河南人民出版社，1990。

［35］黄维兵：《现代服务经济理论与中国服务业发展》，西南财经大学，博士学位论文，2002。

［36］袁春晓：《商业银行中间业务的服务特征研究》，《管理世界》2003 年第 7 期。

［37］黄少军编《服务业与经济增长》，经济科学出版社，2000。

［38］许宪春：《中国服务业核算及其存在的问题研究》，《经济研究》2004 年第 3 期。

［39］岳希明、张曙光：《我国服务业增加值的核算问题》，《经济研究》2002 年第 12 期。

［40］郑学工、董森：《不变价服务业增加值核算方法研究》，《统计研究》2012 年第 11 期。

［41］张旭建：《服务业统计与服务业核算的思考》，《中国统计》2014 年第 3 期。

［42］江小涓、李辉：《服务业与中国经济：相关性和加快增长的潜力》，《经济研究》2004 年第 1 期。

［43］江小涓：《服务业增长：真实含义、多重影响和发展趋势》，《经济研究》2011 年第 4 期。

［44］李勇坚：《经济增长中的服务业：理论综述与实证分析》，《财经论丛》2005 年第 5 期。

［45］郑吉昌、夏晴：《论新型工业化和现代服务业的互动发展》，《社会科学家》2004 年第 6 期。

［46］白仲尧、依绍华：《服务业与综合国力的关系》，《财贸经济》2004 年第 4 期。

［47］程大中：《论服务业在国民经济中的黏合剂作用》，《财贸经

济》2004年第2期。

[48] 华而诚：《论服务业在国民经济发展中的战略性地位》，《经济研究》2001年第12期。

[49] 庞瑞芝、邓忠奇：《服务业生产率真的低吗?》，《经济研究》2014年第12期。

[50] 殷凤、张云翼：《中国服务业技术效率测度及影响因素研究》，《世界经济研究》2014年第2期。

[51] 蒋萍、谷彬：《中国服务业TFP增长率分解与效率演进》，《数量经济技术经研究》2011年第8期。

[52] 夏京文、刘彩兰：《服务业对外开放度对产业结构影响的实证分析——基于广东1990~2008年数据》，《产经评论》2011年第4期。

[53] 顾乃华：《对外开放门槛与服务业的外溢效应——基于省际面板数据的实证检验》，《当代经济科学》2010年第6期。

[54] 杨长湧：《我国扩大服务业对外开放的战略思路研究》，《国际贸易》2015年第4期。

[55] 王海峰：《我国服务业对外开放的范畴、目标和思路》，《宏观经济管理》2014年第10期。

[56] 张志明：《对外开放促进了中国服务业市场化改革吗?》，《世界经济研究》2014年第10期。

[57] 汪德华等：《政府规模、法治水平与服务业发展》，《经济研究》2007年第6期。

[58] 姜长云、邱灵：《扩大和深化我国服务业对外开放的新思路》，《经济纵横》2014年第10期。

[59] Machlup, F., *The Production and Distribution of Knowledge in the United Sates*, (Princeton University Press, Princeton NJ, 1962).

[60] Greenfield, Hl., "Manpower and the Growth of Producer Serv-

ices", (*New York*: *Columbia*, *U*, *Press*, 1996) .

[61] Browning, H. J. , Singelman, "The Emergencyof Aservice Society: Demographic and Sociaological Aspects of the Sectoral Transformation in the Labor Force of the USA National Technical Information Service", *Springfield Virginia*, 1975.

[62] Howells Green , "Location, Technology and Industrial Organization in UK Eances", *Rogress in Planning* (2), 1986.

[63] Herbert G. Grubel, Michael A, " Walker, Service Industry Growth: Cause and Effects", *Vancouver*: *Fraser Institute*, 1989.

[64] Driver, Ciaran, Naisbitt, etal. , "Cyclical Variations in Service Industries Employment in the UK", *Applied Economics*, 1987

[65] Glasmeier, A. , Howland, M. , " Service-Led Rural Development: Definitions Theories and Empirical Evidence", *International Regional Science Review* (16), 1994.

[66] James, W. , Harrington, "Producer Service Research in U S Regional Studies", *Professional Geographier*, 1995.

[67] Blinder, Alan, "Biotechnology Firms: Economic Implications for the Emerging Global Industry", *AgBioForum*, 2008.

[68] Park, H. C. , Kim, "GY A Framework of Dynamic CRM: Linking Marketing with Information Strategy", *JJ. Business Process Management Journal*, 2003.

[69] Ellison, G. , E. L. , Glaeser, " Geographic Concentration in U. S. Manufacturing Industries: A Dartboard Approach" , *Journal of Political Economy*, 2010.

[70] Danneels, E. , "The Dynamics of Product Innovation and Firm Competences", *Strategic Management Journal*, 2002.

[71] McGahan, A., Argyres, N., Baum, J., "Context, Technology and Strategy: Forging New Perspectives on the Industry Life Cycle", *Advances in Strategic Management* (21), 2004.

[72] Amiti, M., Weiss, "Fear of service outsourcing: Is it justified", *Economic Policy* (4), 2005.

[73] Daniels, P. W., "Services Industries: A Geographical Appraisal", 1985.

[74] Goe., "Producer Services, Trade and the Social Division of Labour", *Regional Studies* (4), 1990.

[75] Lentnek, B. A., MacPherson, A., Phillips, D., "Optimum-Producer Service Location. Environment andPlanning", 1992.

[76] Moyart, L., "The Role of Producer Services in Regional Development: What Opportunities for Medium-sized Cities in Belgium", *The Service Industries Journal*, 2005

[77] Marshall, J. N., P. Damesick, P., Wood, "Understanding the Location and Role of Producer Services in the UK", *Environment & Planning* (19), 1987.

[78] 顾乃华：《生产服务业、内生比较优势与经济增长：理论与实证分析》，《商业经济与管理》2005年第4期。

[79] 郑吉昌编《服务经济论》，中国商务出版社，2005。

[80] 樊文静：《中国生产性服务业发展悖论及其形成机理》，浙江大学，博士学位论文，2013。

[81] 陈宪、黄建锋等：《分工、互动与融合：服务业与制造业关系演进的实证研究》，《中国软科学》2004年第10期。

[82] 吕政等：《中国生产性服务业发展的战略选择——基于产业互动的研究视角》，《中国工业经济》2006年第8期。

[83] 顾乃华:《生产性服务业对工业获利能力的影响和渠道——基于城市面板数据和SFA模型的实证研究》,《中国工业经济》2010年第5期。

[84] 高觉民、李晓慧:《生产性服务业与制造业的互动机理:理论与实证》,《中国工业经济》2011年第6期。

[85] 陈建军、陈菁菁:《生产性服务业与制造业的协同定位研究——以浙江省69个城市和地区为例》,《中国工业经济》2011年第6期。

[86] 刘志彪:《发展现代生产者服务业与调整优化制造业结构》,《南京大学学报》2006年第5期。

[87] 江静等:《生产者服务业发展与制造业效率提升:基于地区和行业面板数据的经验分析》,《世界经济》2007年第8期。

[88] 盛龙、陆根尧:《中国生产性服务业集聚及其影响因素研究——基于行业和地区层面的分析》,《南开经济研究》2013年第5期。

[89] 邱灵、方创琳:《生产性服务业空间集聚与城市发展研究》,《经济地理》2012年第11期。

[90] 韩峰等:《生产性服务业集聚、空间技术溢出效应与经济增长》,《产业经济研究》2014年第2期。

[91] 程大中:《中国生产者服务业的增长、结构变化及其影响——基于投入—产出法的分析》,《财贸经济》2006年第10期。

[92] 胡晓鹏:《生产性服务业的分类统计及其结构优化——基于生产性服务业与制造业互动的视角》,《财经科学》2008年第9期。

[93] 顾乃华、李江帆:《中国服务业技术效率区域差异的实证分析》,《经济研究》2006年第1期。

[94] 肖文、樊文静:《产业关联下的生产性服务业发展——基于需求规模和需求结构的研究》,《经济学家》2011年第6期。

[95] 黄莉芳等:《基于随机前沿模型的中国生产性服务业技术效率测算及影响因素探讨》,《数量经济技术经济研究》2011 年第 6 期。

[96] 席强敏等:《中国城市生产性服务业模式选择研究——以工业效率提升为导向》,《中国工业经济》2015 年第 2 期。

[97] Alesina, A, Rodrik, D., "Distributive Politics and Economic Growth", *Quarterly Journal of Economic* (3), 1994.

[98] Stan-backetal and Francois, "Distributive Politics and Economic Growth", *Quarterly Journal of Economics* 2, 1994.

[99] Masakatsu Akino, Yujiro Haya., "Efficiency and Equity in Public Research: Rice Breeding in Japan' s Economic Development: Reply", *Am. J. Agr. Econ.* 1975.

[100] Coffey WJ, Bailly AS., "Producer service and flexible production: an exploratory analysis", *Growth and Change*, 1991.

[101] Kenneth, A., Reinert, "Rural Non Farm Development, a Trade Theoretic View", *International Trade & Economic Development*, 1998.

[102] Postner, H. H., "Factor Content of Canadian International Trade: An Input Output Analysis", *Journal of International Economics* (2), 1977.

[103] Alston, J. M, A. Andersen, J. S., James, P. G., Pardey, "Persistence Pays: U. S. Agricultural Productivity and the Benefits from Public R&D Spending", *New York*: *Springer*, 2011.

[104] Johnston, Bruce, F, John W., Mellor., "The Role of Agriculture in Economic Development", *The American Economist*, 1961.

[105] W. Richard, Goe, "Factors Associated with the Development of Nonmetropolitan Growth Nodes in Producer Services Industries", *Rural Sociology*, 2002.

[106] Glasmeier, A., Howland, M., "Service——Led Rural Development: Definitions Theories and Empirical Evidence", *International Regional Science Review*, 1994.

[107] Akino, M., Hayami Y., "Efficiency and Equity in Public Research: Rice Breeding in Japan's Economic Development", *American Journal of Agricultural Economics*, 1975.

[108] Lindner, R., Gibbs M., "A Test of Bgyesian Learning from Trails of New Wheat Varieties", *Australian Journal of Agricultural Economics* (5), 1990.

[109] Ajzen, I., "The Theory of Planned Behavior", *Organizational Behavior and Human Decision Processes* (50), 1991.

[110] Martin, E., ADAMS, Vincent Ashworth, Philip Lawrence Raikes, "Agricultural Supporting Services for Land Reform", *The Land and Agriculture Policy Center* (5), 2011.

[111] Pham Bao Duong and Yoichi Izumida, "Rural Development Finance in Vietnam: A Micro econometric Analysis of Household Surveys", *World Development* (30), 2002.

[112] Mariano, M. J., Villano R., "Fleming E-Factors influencing farmers' adoption of modern rice technologies and good management practices in the Philippines", *Agricultural Systems* (110), 2012.

[113] Nadia Yusuf, "Role of Rural Finance in Reduction of Poverty in the Agriculture Sector: Northern India", *International Journal of Business and Economic Development* 7 (2), 2014.

[114] 韩坚、尹国俊：《农业生产性服务业：提高农业生产效率的新途径》，《新农村建设研究》2006 年第 11 期。

[115] 潘锦云、李晏墅：《农业现代服务业：以工促农的产业路

径》,《经济学家》2009 年第 9 期。

[116] 黄慧芬:《我国农业生产性服务业与现代农业发展》,《农业经济》2011 年第 10 期。

[117] 杨杰:《中国生产性服务业与农业效率提升的关系研究——基于 Malmquist 指数中国省际面板数据的实证分析》,《山东经济》2010 年第 9 期。

[118] 鲁钊阳:《农业生产性服务业发展对城乡收入差距的影响》,《南京社会科学》2013 年第 2 期。

[119] 柳坤等《1992 年以来我国农业的投入产出变化研究》,《广东农业科学》2012 年第 6 期。

[120] 李颖明等:《农业生产性服务对农地经营规模的影响》,《中国农学通报》2015 年第 3 期。

[121] 兰晓红:《农业生产性服务业与农业、农民收入的互动关系研究》,《农业经济》2015 年第 4 期。

[122] 薛贺香:《城镇化、农业生产性服务业与农村居民消费互动的实证研究》,《广东商学院学报》2013 年第 6 期。

[123] 魏修建、李思霖:《我国生产性服务业与农业生产效率提升的关系研究——基于 DEA 和面板数据的实证分析》,《经济经纬》2015 年第 5 期。

[124] 郝爱民:《农业生产性服务业对农业的影响——基于省际面板数据的研究》,《财贸经济》2011 年第 7 期。

[125] 郝爱民:《农业生产性服务业对农业的外溢效应与条件研究》,《南方经济》2013 年第 5 期。

[126] 郝爱民:《农业生产性服务业外溢效应和溢出渠道研究》,《中南财经政法大学学报》2013 年第 6 期。

[127] 李启平:《我国生产性服务业与农业的关联性分析》,《求

索》2008 年第 4 期。

[128] 李启平:《生产性服务业与农业的互动发展:基于投入产出表的分析》,《科技进步与对策》2009 年第 13 期。

[129] 汪建丰、刘俊威:《中国农业生产性服务业发展差距研究——基于投入产出表的实证分析》,《经济学家》2011 年第 11 期。

[130] 胡铭:《我国生产性服务业与农业协同发展效应研究》,《农业经济问题》2013 年第 12 期。

[131] 姜长云:《农业生产性服务业发展模式举证:自安徽观察》,《改革》2011 年第 1 期。

[132] 姜长云:《着力发展面向农业的生产性服务业》,《宏观经济管理》2010 第 9 期。

[133] 姜长云:《农业生产性服务业发展的模式、机制与政策研究》,《经济研究参考》2011 年第 5 期。

[134] 肖卫东、杜志雄:《农业生产性服务业发展的主要模式及其经济效应——对河南省发展现代农业的调查》,《学习与探索》2012 年第 9 期。

[135] 吴宏伟等:《传统农业区农业生产性服务业现状、问题和发展思路——以安徽省为例的实证分析》,《农村经济》2011 年第 9 期。

[136] 刘楠、张平:《我国农业生产性服务业发展存在的问题及对策》,《经济纵横》2014 年第 8 期。

[137] 胡卫东:《转型期我国农业生产性服务业发展的问题研究》,《湖北社会科学》2013 年第 5 期。

[138] 翟璇:《面向农业产业链的生产性服务业发展探索》,《农业经济》2014 年第 8 期。

[139] 张红宇等:《农业大县如何发展农业生产性服务业——四川省的调研与思考》,《农业经济问题》2015 年第 12 期。

[140] 庄丽娟等:《农业生产性服务需求意愿及影响因素分析——以广东省450户荔枝生产者的调查为例》,《中国农村经济》2011年第3期。

[141] 张振刚等:《农业生产性服务业模式研究——以广东农业专业镇为例》,《农业经济问题》2011年第9期。

[142] 张晓敏、姜长云:《不同类型农户对农业生产性服务的供给评价和需求意愿》,《经济与管理研究》2015年第8期。

[143] 李显戈、姜长云:《农户对农业生产性服务的可得性及影响因素分析——基于1121个农户的调查》,《农业经济与管理》2015年第4期。

[144] Lucas Bretschger, "Knowledge Diffusion and the Development of Regions Knowledge Diffusion and the Development of Regions", *The Annals of Regional Science* (3), 1999.

[145] Arrow Kenneth. J., "The Economic Implications of Learning by Doing", *Review of Economics Studies*, 1962.

[146] 〔澳〕杨小凯、黄有光:《专业化与经济组织》,张玉纲译,经济科学出版社,1999。

[147] 〔日〕速水佑次郎、〔美〕弗农·拉坦编《农业发展的国际分析》,郭熙保等译,中国社会科学出版社,2000。

[148] 〔美〕熊彼特编《经济发展理论》,孔伟艳译,北京出版社,2008。

[149] 〔美〕西奥多·威廉·舒尔茨:《改造传统农业》,梁小民译,商务印书馆,1999。

[150] 林毅夫编《制度、技术与中国农业发展》,上海三联书店,1994。

[151] 车维汉、杨荣:《技术效率、技术进步与中国农业全要素生

产率的提高——基于国际比较的实证分析》，《财经研究》2010 年第 3 期。

［152］曹冰玉、雷颖：《关于我国农村金融与农业技术进步的实证分析——基于时间序列数据的研究》，《中南林业科技大学学报》2010 年第 5 期。

［153］宋春光、那娜：《农村金融支持对农业技术效率影响的实证研究》，《学术交流》2010 年第 2 期。

［154］尹雷、沈毅：《农村金融发展对中国农业全要素生产率的影响：是技术进步还是技术效率——基于省际动态面板数据的 GMM 估计》，《财贸研究》2014 年第 2 期。

［155］刘志扬：《发展现代农业必须创新科技推广体系》，《农业经济》2007 年第 7 期。

［156］高启杰：《中国农业技术创新模式及其相关制度研究》，《中国农村观察》2004 年第 2 期。

［157］肖琳子、肖卫：《二元经济中农业技术进步、劳动力流动与经济增长——基于中国 1992~2012 年省际面板数据的实证分析》，《上海经济研究》2014 年第 6 期。

［158］赵德昭、许和连：《FDI、农业技术进步与农村剩余劳动力转移——基于“合力模型”的理论与实证研究》，《科学学研究》2012 年第 9 期。

［159］Grossman, G., Helpman, E., “Integration Versus Outsourcing in Industry Equilibrium”, *Quarterly Journal of Economics* (117), 1994.

［160］Ten Raa, T., E. N., Wolf, “Outsourcing of Services and the Productivity Recovery In U. S. Manufacturing in the 1980s and 1990s”, *Journal of Productivity Analysis* (16), 2001.

［161］张景华：《新型城镇化进程中的税收政策研究》，《经济学

家》2013 年第 10 期。

[162] 裘兆宇：《我国金融业有效支持新型城镇化的思考》，《金融与经济》2014 年第 3 期。

[163] 薛翠翠等：《城镇化建设资金规模及土地财政改革——新型城镇化背景下土地财政代偿机制研究评述》，《中国土地科学》2013 年第 11 期。

[164] 杨仪青：《新型城镇化发展的国外经验和模式及中国的路径选择》，《农业现代化研究》2013 年第 4 期。

[165] 苗建萍：《新型城镇化与新型工业化的互动发展机制》，《经济导刊》2012 年第 1 期。

[166] Coffey, W. J., Bailly, A. S., "Producer Services and Systems of Flexible Production", *Urban Studies* 29 (6), 1992.

[167] Brutzkusand Eliezer, "Centralized versus Decentralized Pattern of Urbanization in Developing Countries: An Attempt to Elucidate a Guideline Principle", *Economic Development and Cultural Change* 32 (5), 1975.

[168] Malmquist, S., "Index Numbers and Indifference Curves", *Trabajos de Estatistica* (4), 1953.

[169] Caves, D. W., Christensen, L. R., Diewert W. E., "The Economic Theory of Index Numbers and the Measurement of Input, Output, and Productivity", *Econometrical* 50 (6), 1982.

[170] Charnes, A., Cooper, W., Seiford, L. M., *Data Envelopment Analysis: Theory, Methodology and Application* (Dor2drecht: Kluwer Academic, 1994).

[171] Fare, R., Grosskopf, S., Norris, M., "Productivity Growth, Technical Progress and Efficiency Changes in Industrialized Countries", *American Economic Review* (84), 1994.

[172] Caves, Douglas W., Christensen, Laurits R. and Diewert, W. Erwin, "Multilateral Comparison of Output, Input and Productivity Using Superlative Index Numbers", *Economic Journal* 95 (365), 1982.

[173] Davis, F. D., "Perceived Usefulness, Perceived Ease of Use, and User Acceptance of Information Technology", *MIS Quarterly* (13), 1989.

[174] Ajzen, I., "The Theory of Planned Behavior", *Organizational Behavior and Human Decision Processes* (50), 1991.

附录　中国农村生产性服务需求状况农户调查表

尊敬的农村居民：

您好，我们开展此项调查仅为学术研究，有关信息会为您保密，谢谢您的配合！

（2013～2014年度）

省名	
县名	
乡（镇）名	
行政村名	
户主姓名	
户主联系电话	
调查员编号	
调查日期	

（第　份）

第一部分　农户家庭基本情况

代码	问题	选项/单位	0	1	2	3	4	5	6
HA1	户主性别	1 = 男，2 = 女							
HA2	户主年龄（周岁）	1 = 18 ~ 29，2 = 30 ~ 45，3 = 46 ~ 59，4 = 60 岁以上							
HA3	民族	1 = 汉，2 = 少数民族							
HA4	文化程度	1 = 小学及以下，2 = 初、高中，3 = 大专及以上							
HA5	是否党员	0 = 否，1 = 是							
HA6	是否干部	1 = 乡及乡以上干部，2 = 村干部，3 = 否							
HA7	是否有兼业行为	0 = 否，1 = 是							
HA8	是否务工/经商及位置	1 = 本乡内，2 = 本县内，3 = 本省内，4 = 国内，5 = 外国，6 = 否							
HA9	年均累计在家务农时间	1 = 3 个月以下，2 = 3 ~ 6 个月，3 = 6 ~ 11 个月，4 = 全年							
HA10	农户人口	3 人以下 = 1，4 ~ 6 人 = 2，7 人以上 = 3							
HA11	是否受过非农职业教育	0 = 否，1 = 是							
HA12	是否种植经济作物	0 = 否，1 = 是							
HA13	家庭经营的土地面积	< 10 亩 = 1，10 ~ 20 亩 = 2，20 ~ 50 亩 = 3， 50 ~ 100 亩 = 4，> 100 亩 = 5							
HA14	是否受过农业培训	0 = 否，1 = 是							
HA15	是否参加了新型农村合作医疗	0 = 否，1 = 是							
HA16	是否参加了农村社会养老保险	0 = 否，1 = 是							
HA17	是否有土地转入	0 = 否，1 = 是							
HA18	是否有土地转出	0 = 否，1 = 是							

第二部分 农户外部自然环境情况

代码	问题	选项/单位	0	1	2	3	4	5
HA19	农户所处地理位置的交通条件	1 = 交通条件较好；2 = 交通条件一般；3 = 交通条件较差						
HA20	农户所在乡村与中心城市距离	0 = 较近，1 = 较远						
HA21	所在乡村水电设施是否齐全	0 = 否，1 = 是						
HA22	所在乡村最近两年是否有自然灾害	0 = 否，1 = 是						
HA23	所在乡村的土地类型	1 = 平原；2 = 山地；3 = 丘陵；4 = 草原；5 = 其他						
HA24	所在乡村的水利等生产性基础设施是否齐全	0 = 否，1 = 是						

第三部分 生产性服务选择及便利程度

代码	问题	选项/单位	0	1	2	3	4	5	6
HA25	农户生产性服务模式选择	政府提供 = 1，合作社提供 = 2，龙头企业提供 = 3							
HA26	你目前最需要的生产性服务是哪个	1 = 技术服务，2 = 销售服务，3 = 农资服务，4 = 金融服务，5 = 信息服务，6 = 其他							
HA27	所在乡村是否有合作社等组织	0 = 较近，1 = 较远							
HA28	所在乡村水电设施是否齐全	0 = 否，1 = 是							
HA29	所在乡村附近是否有较为集中的市场	0 = 否，1 = 是							
HA30	所在乡村是否有农技站、农机站及化肥种业等传统服务组织	0 = 否，1 = 是							

续表

代码	问题	选项/单位	0	1	2	3	4	5	6
HA31	所在乡村是否有农村金融、信息及流通等现代服务组织	0=否，1=是							

第四部分　农户生产性服务成本情况

代码	问题	选项/单位	0	1
HA32	是否及时知道涉农信息	0=否，1=是		
HA33	生产性服务价格是否可以接受	0=否，1=是		
HA34	是否方便的贷到钱	0=否，1=是		
HA35	你是否遇到过服务纠纷	0=否，1=是		
HA36	是否有良种、化肥、农药、农机具等的补贴	0=否，1=是		

第五部分　农户生产性服务收益情况

代码	问题	选项/单位	0	1
HA37	使用生产性服务能提高农业生产管理水平	0=否，1=是		
HA38	使用生产性服务能提高产出	0=否，1=是		
HA39	使用生产性服务能提高生产率	0=否，1=是		
HA40	使用生产性服务能增加盈利	0=否，1=是		

全部问卷完毕，感谢您的配合，祝您生活快乐！

后　记

发展农业生产性服务业是推进多种形式适度规模经营的迫切需要，是实现质量兴农、绿色兴农的有效路径。中国人多地少、大国小农的国情农情，决定了从事传统种养业的小农户存在的长期性。发展农业生产性服务业，帮助小农户节本增效，解决小农户分散生产经营过程中的一些共性服务问题，实现小农户与现代农业发展的有机衔接，是推进现代农业发展的历史任务，农业生产性服务业是一个可以着力培育的大产业。

发展农业生产性服务业是现代农业发展的基本规律。从世界范围看，农业分工分业的不断深化是现代农业发展的必然趋势，美国农业劳动力只占总劳动力的2%左右，但为农业生产服务，如农机作业、产品加工、运输，以及供销、仓储、资金借贷、保险、市场信息等服务行业的人数却占总劳动人口的10%以上，大大超过直接从事农业的人口。随着一个国家农村社会结构和经济结构的发展变化，农业生产性服务的市场需求将快速增长，农业内部的分工深化将是现代农业发展的基本规律。

当前，我国农业农村经济发展已经从单纯追求数量增长转为高质量发展。发展农业生产性服务业，通过服务组织集中采购农业生产资料，采用先进的农业技术，积极推广标准化生产，充分发挥农业机械装备的作业能力和分工分业专业化服务的效率，能有效降低农业物化成本和生产作业成本，有助于农业节本增产增效，提高农产品竞争力和全要素生产率，是推进农业供给侧结构性改革，实现质量兴农、绿色兴农，促进农民增收的有效路径。

农业生产性服务业是现代农业的重要组成部分。本书从理论和实践的角度探讨农业生产性服务业的农业外溢效应，对进行经济解释、加深对外溢效应形成机理和外溢渠道的认识具有重要的理论意义，对从实证的角度来研究该问题有一定的帮助。同时为中国发展农业生产性服务业以提升农业生产效率、加快农业现代化的步伐提出了一个解决框架，由此具有了一定的实际应用价值。

本书得到了河南省高校科技创新人才支持计划（人文社科类：2016－cx－004）和河南省高等学校哲学社会科学创新团队支持计划（2018－CXTD－06）资助，同时也是笔者主持的国家社科基金“农业生产性服务业外溢效应研究”的部分成果。

本书尝试从外溢效应的角度研究农业生产性服务业对农业发展的影响，虽然得到了有益的结论，但是在以下两方面的研究还是不够，需要继续深入。一是由于农业生产性服务业对农业外溢效应的形成机制具有复杂系统性，本书有关外溢效应形成机制的理论分析稍显薄弱，需要进行更加详细的分析和系统的论述；二是运用实证数据进行计量分析时，并没有比较不同省份之间的差异性。由于中国农业生产性服务业的发展表现为地区不平衡，东部地区和中西部地区，或者发达地区和不发达地区，其生产性服务业的发展对农业的外溢效应是不同的，如果能在现有研究的基础上进行地区差异性的比较，或许会得到更有益的结论。以上两点，也是我们下一步研究的方向。

图书在版编目(CIP)数据

农业生产性服务业外溢效应：乡村振兴背景下的思考／郝爱民著. -- 北京：社会科学文献出版社，2019.6

ISBN 978-7-5201-4842-9

Ⅰ.①农… Ⅱ.①郝… Ⅲ.①农业生产-生产服务-服务业-研究-中国 Ⅳ.①F326.6

中国版本图书馆 CIP 数据核字(2019)第 087953 号

农业生产性服务业外溢效应

——乡村振兴背景下的思考

著　　者／郝爱民

出 版 人／谢寿光
责任编辑／高　雁
文稿编辑／梁　雁

出　　版／社会科学文献出版社·经济与管理分社(010)59367226
地址：北京市北三环中路甲 29 号院华龙大厦　邮编：100029
网址：www.ssap.com.cn
发　　行／市场营销中心（010）59367081　59367083
印　　装／三河市龙林印务有限公司

规　　格／开　本：787mm×1092mm　1/16
印　张：14　字　数：215 千字
版　　次／2019 年 6 月第 1 版　2019 年 6 月第 1 次印刷
书　　号／ISBN 978-7-5201-4842-9
定　　价／98.00 元